KB204205

신비의 가장자리에서 춤추는 설교

The Sermon : Dancing the Edge of Mystery

신비의 가장자리에서 춤추는 설교

초판 1쇄 ○ 2008년 5월 25일

지 은 이 ○ 유진 라우리

옮 긴 이 ○ 주승중

펴 낸 이 ○ 김현애

펴 낸 곳 ○ 예배와 설교 아카데미

주　　소 ○ 서울특별시 광진구 광장동 272-12

T E L ○ 02-457-9756

HOMEPAGE ○ www.wpa.or.kr

등록번호 ○ 제18-19호(1998. 12. 3)

디 자 인 ○ 디자인집 02-521-1474

총 판 처 ○ 비전북

T E L ○ 031-907-3927

F A X ○ 031-905-3927

I S B N ○ 978-89-88675-38-0

값 9.000원

: 잘못 만들어진 책은 교환해 드립니다.

신비의 가장자리에서 춤추는 설교

The Sermon : Dancing the Edge of Mystery

○ 유진 라우리 지음
○ 주승중 옮김

:: 목 차

서문

이 책을 내가 속한 전문가 가족 공동체의 동료들, 설교학 아카데미(The Academy of Homiletics)에 바칩니다. 설교학 아카데미는 다양성과 상호 존중이 빚어낸 참으로 놀라운 전문가들의 모임이자, 학자들과 교수들이 함께 참여하는 도전적이고 든든한 공동체입니다. 우리에게 이곳은 그저 집과 다름없습니다. 진심으로 감사드립니다.

또한 성 바울 신학교(Saint Paul School of Theology) 이사회에서 이 작품을 마무리하도록 안식년을 허락해 주신 데 대해 감사드립니다. "신비의 가장자리에서 춤추다"라는 문구를 사용하도록 허락해 준 데이비드 버트릭(David Buttrick) 교수에게도 감사드립니다. 이 문구는 내가 작업을 시작할 때 가지고 있었던 감수성을 매우 잘 표현해 주고 있습니다. 마지막으로 나의 가장 절친한 친구이자 반려자인 아내 사라에게 감사의 말을 전합니다. 그녀는 이 작품을 완성할 때까지 가장 든든한 후원자였습니다. 이제 저와 함께 춤을 춰 볼까요?

유진 라우리(Eugene L. Lowry)

:
역자 서문

　유진 라우리는 지난 1970년대 이래 설교학의 '코페르니쿠스적인 혁명' 이라고 불리는 '새로운 설교학'(the New Homiletic) 운동을 주도해 나간 북미주의 대표적인 설교학자들 가운데 한 사람이다. 비록 이 운동이 1971년에 발행되어 지난 3백 년의 설교학의 물줄기를 바꾸어 놓은 프래드 크래독의 「권위 없는 자로서」(*As One Without Authority*)가 그 동인(動因)이 되어 시작되었다고 하나, 그 이후에 유진 라우리의 내러티브(narrative)에 대한 관심과 연구를 통해 발전된 내러티브 플롯(narrative plots)의 설교학이 가미되지 않았더라면 그 의미가 반감되었을 것이다. 그런 의미에서 유진 라우리는 '새로운 설교학 운동'과 관련하여 설교학 연구에 엄청난 진보를 가져온 설교학자이다.

　라우리는 내러티브 설교의 핵심적인 내용에 대해 많은 연구를 하였는데, 「강단에서 시간을 따라 설교하기」(*Doing Time in the Pulpit*) 등의 저서를 통해, 설교를 공간(space)에서 행해지는 것이라기보다는 시간(time)을 중시하는 방식으로 생각하는 커다란 전환을 이루었다. 그는 "우리들 대부분은 책상에 앉아 설교 준비를 시작할 때, 시간이 아니라 공간을 생각하도록 훈련되어 있다."고 지적했다. 그리고 계속해서 그는 "그 결과 우리는 아무런 고심 없이 곧장 대지들을 배열한다."고 지적했다. 그러나 설교자들은 이제 시간을 중요시하는 설교의 개요(outline) 중심의 스타일보다는 플롯(plot)에 강조점을 두는 이야기 형식에 관심을 가져야 한다는 것이다. 그의 이런 주장은 마침내 1980년에 그의 유명한 설교학 저서인 「이야기식 설교 구성」(The Homiletical Plot : The Sermon as Narrative Art Form)을 선보임으로 그 열매를 맺었다. 그리고 그 후에도 그는 계속해서 내러티브 설교의 형태에 대한 연구와 검토 끝에 그의 내러티브 설교학의 결정판이라고 할 수 있는 본서를 발간하게 된다. 그러므로 라우리의 이 책은 그의 평생의 설교 이론이 종합되어 있는 것이라고 할 수 있고, 내러티브 설교학을 다루는 데 있어서 가장 중요한 책이라고 여겨진다.

라우리는 "내러티브 설교의 가장 큰 특징은 플롯의 형태에 있다. 그 형태는 대부분 모순이나 갈등으로 시작되어 갈등의 심화 단계로 나아가고, 이어서 극적인 반전이 일어난 후, 마침내 해결과 마무리로 끝난다."고 말한다. 그래서 그는 첫 역작인 「이야기식 설교 구성」에서는 평정 깨뜨리기(Upsetting the equilibrium) → 모호함을 심화시키기(Analyzing the diecrepamcy) → 문제 해결의 실마리를 제시하기(Disclosing the clue to resolution) → 복음을 경험케 하기(Experiencing the Gospel) → 결과를 기대하게 하기(Anticipating the consequence)의 5단계로 그의 내러티브 설교 구성을 전개하였으나, 후에 4단계로 수정하여 확정하게 되는데, 그 내용이 바로 본서에 소개되어 있다. 여기서 라우리가 밝힌 네 단계는 갈등(Conflict) → 심화(Complication) → 갑작스런 전환(Sudden Shift) → 해소(Unfolding)이다.

내러티브에 바탕을 둔 그의 이런 설교 접근법은 결국 '새로운 설교학'

이 추구하는 바 가장 중요한 내용을 형성하고 있는 성경의 서사성에 더욱 관심을 기울이게 만들어 주었다. 뿐만 아니라 많은 이야기로 구성되어 있는 성경을 어떻게 하면 효과적으로 전달할 수 있을까에 대해서 고민하고 있는 충성된 설교자들에게 커다란 돌파구를 마련해 주었다.

바라기는 이 책이 아직도 많은 성경 본문을 오직 연역적인 삼대지 설교의 형식으로만 주로 접근하고 있는 한국교회의 설교자들에게, 그리고 신학도들에게 설교의 새로운 지평을 열어 주기를 소망해 본다. 그리고 이 책이 나오기까지 수고를 아끼지 않은 분들에게 감사를 드리지 않을 수 없다. 먼저 이 책의 초역을 위하여 수고한 GTU의 구약학 박사 과정에서 공부하고 있는 김정현 전도사에게 감사를 드린다. 또한 이 책의 번역과 출판을 격려해 준 "예배와 설교 아카데미"의 김현애 목사에게도 감사를 드린다. 그리고 이 책의 출판을 위하여 수고한 모두에게 하나님의 은혜가 함께 하시기를 기원한다.

우리 위해 십자가에 죽으시고 3일 만에 부활하신
주님을 찬양하면서
2008년 기쁨의 부활절기에
광나루 선지동산에서
주 승 중

:: 서론

적어도 지난 25년 동안 북아메리카의 설교학은 새롭게 등장하는 설교학 패러다임으로 인해 진통을 겪어 왔다. 많은 학자들은 그 출발점을 프래드 크래독(Fred Craddock)의 첫 번째 설교학 작품, 특히 그 작품의 첫 문장에서 발견한다. "우리는 모두 무수히 많은 여론의 법정에서 설교에 대한 판결이 내려지고 형이 집행되었다는 사실을 잘 알고 있다." 그때가 1971년이었고, 우리들 가운데 일부는 설교에 대한 당시의 전반적인 분위기를 생생하게 기억하고 있다. "이 얇은 책이 바라는 것은", 그는 이어서 말한다. "다만 다른 증언을 들을 때까지 형의 집행을 중지해 달라는 것이다."[1]

이 얇은 책은 성경해석학(본문을 어떻게 다루어야 하는가?)에서부터 시작해서 신학의 언어학(복음을 어떻게 이해해야 하는가?)을 거쳐 설교 기술(사고의 흐름을 어떻게 구성해야 하는가?)에 이르기까지 광범위한 영역을 다루고 있다. 크래독은 특별히 설교자와 회중의 관계에 많은 관심을 가지고 있었다. 그는 회중이 단지 목적지에 도달하는 것뿐 아니라 설교의 여정에 "참여할 권리를 갖고"[2] 있다는 점을 강조했다.

결국 세계 여론의 법정은 그의 목소리를 청종했다.

언젠가 다른 곳에서 나는 크래독이 문을 하나 열었는데 오늘날 아무도 그 문을 닫을 자가 없다고 말한 적이 있다. 포스트모던 사상과 씨름할 뿐 아니라 "성경의 서사성의 상실"[3]을 재검토하는 오늘날의 정황에 비추어 볼 때, 경첩이 더 이상 그 문에 걸려 있지 않다고 말해도 무리가 없을 것 같다. 어떤 사람들은 이 열린 문을 통해 불어오는 바람이 거셀 뿐 아니라 심지어는 불필요하게 불안정하다고 생각할 것이다. 하지만 또 다른 많은 사람들은 그것을 상쾌한 바람이라고 생각할 것이다.

어쩌면 리차드 에스링거(Richard Eslinger)가 명명한 북미 설교학의 "코페르니쿠스적 혁명"[4]은 보다 이른 시기의 출판물로 거슬러 올라갈 수도 있을 것이다. 나는 그래디 데이비스(H. Grady Davis)의 책 「설교를 위한 구상」(*Design for Preaching*, 1958)을 염두에 두고 있다. 그래디 데이비스는 자유시를 통해 설교에 관한 새로운 은유를 도입한 바로 그 사람이다. 그의 표현에 따르면, "설교는 나무와 같다."[5]

우리 가운데 많은 사람들은 그의 책을 통해 처음으로 설교를 유기생명체의 한 형태에 비유하는 시도를 접하게 되었다. 우리가 수년간 설교문을 **구성하고, 조합하고, 건축하고, 결합하는 일**에 관해 들어 왔다는 점을 감안할 때, 나무라는 표현이 가져온 은유적 자극은 모든 것을 바꾸어 놓았다. 그것이 벌써 거의 사십 년 전의 일이다!

그 후로 많은 일이 벌어졌다. 오늘날 '새로운 설교학'(New Homiletic)이라고 불리는 운동은 설교가 무엇인지에 관해서 새로운 이미지들과 새로운 정의들을 도입하였다. 예를 들면 **귀납적**(inductive) 설교, **현상학적**(phenomenological) 설교, **이야기**(story) 말하기, **증언**(eyewitness)으로서의 성경 기술, **내러티브**(narrative) 플롯 등의 표현들이 생겨났다.

이러한 용어들은 모두 하나의 공통된 설교학 가족을 시사하지만, 유전학적 복제와는 거리가 멀다. 이 가족의 일부 구성원들은 자신들 사이의 친족 관계조차 인정하지 않으려고 한다. 또한 이 새로운 가족은 보다 큰 전통으로부터 완전히 단절되어 있지 않다. 이십오 년간의 생산적인 혼동의 시기를 지나온 지금, 이제는 그들 사이의 유전학적 연관관계, 외관상의 공통점들, 그리고 특히 가족 차이점들을 보다 자세히 살펴보아야 할 때가 되었다.

계몽주의 시대의 합리주의와 낭만주의 시대의 보편적 인간 경험에 관한 가정에 관하여 매우 진지한 질문들이 제기되고 있는 오늘날, 우리의 주목이 필요한 핵심 문제, 곧 근본적인 질문은 설교의 목적에 관한 것이다. 우리는 설교에 관하여 무엇을 믿고 있는가? 설교의 목적은 무엇인가? **설교**(preaching)와 **선포**(proclamation)라는 용어는 동의어인가, 아니면 각기 다른 의미를 가지고 있는가? 진리에 관하여 어떻게 말할 수 있을까?

만약 설교가 근본적인 의미에서 나무의 생명과 유사하다고 한다면, **시간, 성장, 순서** 등은 새로운 의미를 갖게 될 것이다. 그 새로운 의미란 어떤 것일까? 특히 수많은 필요들과 다양한 본문들과 비유들을 고려할 때, 설교자가 모종의 결과를 효과적으로 불러일으키기 위해 준비해야 하는 것은 무엇일까?

만약 설교가 건축학적 학문이 아니라 오히려 원예학적 기술에 가깝다면, 우리는 그 기술을 어떻게 배울 수 있을까? 분명 실천과 관련한 이 질문이 핵심이다. 만약 설교가 "나무와 같다."면, 내가 가지치기 기술을 연마할 수 있는 방법은 무엇인가? 이 새로운 패러다임은 단지 특별한 소수만을 위한 것인가, 아니면 설교학의 이 같은 새로운 세기로의 전환은 광범위한 운동으로 이해되어야 하는가? 이와 같은 근본적인 이슈들에 나는 어떻게 **관계하게 될까? 어떻게 관계해야 할까? 과연 어떻게 관계할 수 있을까?**

신학적으로 말해서, 특히 이러한 주목할 만한 전환의 시간과 장소를 생각할 때, 과연 우리는 어떻게 "신비의 가장자리에서 춤을 출수 있을까?[6]"

서론

시간 - 장소

● **새로운 설교학의 최근 모습**

The Sermon : Dancing the Edge of Mystery

시간-장소

The Sermon : Dancing the Edge of Mystery

그래디 데이비스(H. Grady Davis)와 프래드 크래독(Fred Craddock)이 북아메리카 설교학의 패러다임 전환을 주도한 유일한 목소리는 아니다. 저마다 다른 출발점과 각양각색의 의제, 다양한 목적을 갖고 있는 많은 설교학 저술가들이 서로간에 불일치하는 요소들에도 불구하고 설교학의 새 날을 열어가고 있다.

설교에 관한 은유적인 표현을 말하면, 데이비스의 '나무', 크래독의 '여정' 외에도 브라운(R. E. C. Browne)의 '몸동작', 톰 트뢰거(Tom Troeger)의 '언어 음악', 데이비드 버트릭(David Buttrick)의 '움직임', 헨리 미첼(Henry Mitchell)의 '경축', 루시 로즈(Lucy Rose)의 '대화', 데이비드 쉴라퍼(David Schlafer)의 '연극', 폴 스콧 윌슨(Paul Scott Wilson)의 '상상력의 불꽃', 그리고 내가 사용하는 '플롯' 등이 있다.

여기에서 문제가 되는 것은 다른 무엇보다도 특히 다음과 같이 규정될 수 있다.

성경 본문을 어떻게 다룰 것인가?
어떤 신학적 가정과 확신을 가져야 하는가?
어떤 종류의 설교 형식을 사용할 것인가?
어떤 특정한 목적을 염두에 둘 것인가?

19

아마도 논의를 시작하는 가장 좋은 방법은 우리가 속한 특정한 시간과 장소를 야기한 핵심적인 이슈들 가운데 일부를 신속하게, 매우 신속하게 평가하는 것이다. 다시 말해 데이비드 버트릭이 적절하게 표현한 바 "낡아빠진 설교의 관행들"을 살펴보는 것이다.

그의 진단에 따르면, "많은 설교자들이 한 절의 본문을 갖고 설교하는 데 길들여져 있었다." 심지어는 성구집에 기초한 전통에 서 있는 설교자들 가운데 일부도 이러한 진단에 포함되었다. "만약 우리가 성경의 단편을 갖고 설교하는 것이 아니었다면, 우리는 말하자면 증류의 방법을 사용하고 있었다."[1] 그는 백부장에 관한 누가복음의 이야기를 통해 설명을 이어간다. 누가복음에 따르면, 백부장은 예수님의 이야기를 전해 듣고 사자를 통해 예수님께 자신의 집에 오셔서 병든 자신의 종을 고쳐 줄 것을 청원한다. 하지만 그때 그는 예수님께서 자신의 집에 들어오는 것을 감당치 못하겠다고 느끼고, 다만 "말씀만 하소서."라고 예수님께 간구한다(눅 7 : 2-10).

이 본문에 대한 버트릭의 주석은 다음과 같다.

많은 경우 (설교자들은) 성경 본문이 객관적으로 '거기에' 있는 것처럼, 마치 그것이 (우리가) 거기에서부터 설교할 어떤 것을 끄집어낼 수 있는 정적인 구조물인 것처럼 생각하고 본문에 다가선다. (설교자들은) 본문 가운데 한 구절을-예를 들면 '말씀만 하소서', '나는 감당치 못하겠습니다', '그는 우리 민족을 사랑하고 우리를 위하여 회당을 지어준 사람입니다' 등-붙잡고서 그 구절을 주제로 다루거나, 혹은 그 구절로부터 어떤 일반적인 주제를-예를 들면 '친구의 중보', '예수님의 긍휼', '겸손의 모범' 등 - 증류해 낸다. 두 가지 경우 모두 설교자가 성경구절을 그 안에서 **어떤 것**(something)을 발견해 낼 수 있는 정물화처럼, 곧 대상처럼 간주한다는 사실을 주목할 필요가 있다. 여기에서 간과되고 있는 것은 무엇인가? 결국 그 '그림'의 구도, 이야기 구조, 이야기의 전개, 그 **구절**(passage)이 선포하고자 하는 내용에 대한 전반적인 물음이 무시되고 있는 것이다. 무엇보다도 성경구절이 그것으로부터 설교할 어떤 것을 끄집어낼 수 있는 정적이고 객관화된 그림으로 취급되고 있다는 점을 주목해야 한다!2)

버트릭의 주장에 따르면, 이러한 증류의 과정은 "18세기 합리주의의 발흥과 함께 발전했다." 그는 부분적으로 이것이 "성경의 기적 기사들이 불러일으키는 당혹스러움을 손쉽게 비껴나가기 위한" 한 방편이었다고 본다. 실로 이 방법은 "과학적 방법을 모방한 것이었다."3) '증류의 방법'은 20세기 후반에도 여전히 북아메리카의 설교 강단에서 매우 강하게 살아 있었다. 우리 가운데 많은 이들이 그 방법을 통해 영양을 공급받고 성장했다.

오늘날 우리가 이전 세대로부터 물려받았고 또 여전히 최근까지도 당연하게 받아들였던 성경해석학적 원리들에 관하여 진지한 의문을 제기한 사람은 버트릭 혼자만이 아니었다. 특별히 예수님의 비유 연구 분야에서, 노만 페린(Norman Perrin), 존 도미닉 크로산(John Dominic Crossan), 댄 오토 비아(Dan Otto Via)와 같은 학자들이 자극적이고 근본적인 중요한 질문들을 던짐으로써 설교자들에게 새로운 문들을 열어 주었다.

내러티브 성경해석학 분야에서는 한스 프라이(Hans Frei)가 가장 고전적인 모델을 제시해 주었다. 비록 그의 고전적인 작품 「성경의 서사성의 상실」(The Eclipse of Biblical Narrative)이 출간된 지 벌써 20여 년이 지났지만, 과거 어느 때보다도 지금이 설교학 문헌에서 그 작품을 인용해야 할 때인 것 같다.

프라이는 무엇보다도 성경의 내용과 형식 사이의 단절이라는 이 같은 문제에 관심을 가지고 있었다. 그의 주장에 따르면, 성경은 "그것이 이야기하는 내용의 실재를 묘사하는 동시에 그 실재를 가능하게 한다."4) 결국 단절이 생겨나고 '거대한 역전'이 이루어졌다. 말하자면 불행하게도 "다른 이야기를 가진 다른 세계가 성경 이야기 속으로 편입되기보다는 오히려 (성경 이야기가) 그 다른 세계 속에" 맞추어지게 되었다.[5] (이것은 정확히 버트릭이 소개한 가상의 설교자가 하고 있는 일이었다.) 마크 엘링슨(Mark Ellingsen)의 설명에 따르면, 본문은 "그 고유한 실재를 상실하게 되고 단지 (소위 가정된) 보다 심오한 진리의 상징적 표현으로 간주된다." [6]

아프리카계 아메리칸 설교 전통에 서 있는 헨리 미첼은 "백인들의 설교가 자극적인 아이디어 생산에 '초점을 맞추는 경향'이 있다."고 지적한다.[7] "서구 백인 문화 안에서는 감정이 다소간 무가치한 것으로 여겨졌지만", "흑인 대중들의 문화는 이처럼 고상하고 오래된 오류의 수준에까지 진보하지 못했다."고 그는 주장한다. 미첼은 나아가 다음과 같은 주장을 펼친다. "고대 그리스의 영육 이원론은 계몽주의에 의해 다만 더 악화되었을 뿐이다. 왜냐하면 계몽주의는 인간 영혼의 분열에 이성과 감정의 분열을 덧붙였기 때문이다." [8]

이처럼 지난 이십오 년에 걸쳐 설교학 이론 분야에서 있었던 일을 요약하면, 무수히 많은 새로운 목소리들이 그래디 데이비스와 브라운과 같은 저술가들의 창조적인 통찰에 기대어 설교학 전통의 가정들과 확신들을 다시 생각하기 시작했다는 것이다. 어찌 보면 크래독의 책이 그러한 탐구를 가능하게 했다고 볼 수도 있을 것이다. 혹은 시간을 조금만 더 거슬러 가면, 토마스 롱(Thomas Long)이 "현대 설교학의 이러한 변화"에 대한 또 다른 설명을 제공해 준다.[9]

그의 설명에 따르면,

과거에는 (설교에 관한 신학적 연구로서) 설교학과 (효과적인 연설의 기술로서) 수사학이 조화로운 한 쌍을 이루고 있었다. 아우구스티누스의 저서

「기독교 교리에 관하여」(*On Christian Doctrine*)로부터 시작해서 19세기에 유행한 거대하고 조직적인 설교학 교과서들에 이르기까지 기독교 설교학은 한결같이 설교의 내용을 위해 성경과 신학을 응시하였고, 그 후에 설교의 형식과 문체를 위해 고전 수사학의 규칙과 양식을 참고하였다.

롱(Long)은 이것에 "유대 랍비적 배경을 가진 설교학과 희랍적 배경을 가진 수사학 사이의 혼합된 결혼"이라는 이름을 붙였다. 그는 정략결혼이라는 표현을 사용하면서 다음과 같은 주장을 펼친다. "설교학자들은 설교자들이 무엇을 말해야 하는지 알고 있었고, 수사학자들은 청중이 설교를 듣고 설득당할 수 있도록 하기 위해 설교자들이 그것을 어떻게 말해야 하는지 알고 있었다." 한편 불행하게도 그 결혼은 수사학의 질병 때문에 "불운한 운명에 놓여 있었고" "바르트의 공격"[10]을 감당해 낼 수 없었다.

인간이 자연 계시를 통해 하나님을 알 수 있는 능력이 있다는 주장을 반박한 칼 바르트(Karl Barth)가 그러한 결혼을 긍정적으로 평가했을리 만무하다. 마침내 롱은 다음과 같이 결론을 내린다. "수사학적 이슈들은 바르트에게 있어 단순히 부차적인 관심사에 머물지 않았다. 오히려 인식론적인 이유 때문에 설교의 방법에서 배제되어야만 했다."[11]

신약학자인 프레드 크래독이 신약과 설교학을 동시에 가르치도록 부탁받았을 때, 그의 작품의 핵심에 해석학적, 신학적, 수사학적 문제들이 자리하고 있었다는 사실은 과연 우리가 의아하게 생각할 일일까?

크래독의 최초의 작품은 이와 같은 해석학적이고 신학적인 전통들의 설교학적 결론에 초점을 맞추고 있었다. 특히 그는 그러한 사고 방식에서 기인하는 일반적으로 연역적인 구성 방식에 주목했다. 그는 이것을 "포장된 결론들"[12]이라고 불렀다. 왜냐하면 지나치게 권위주의적인 방식이 청중을 엄습하고 따라서 청중은 "단체로 그들을 향해 던져진 창을 잡는 사람이 되어야 하기"[13] 때문이다.

크래독의 작품은 항상 내용과 형식의 일치가 필요하다는 점을 강조해 왔다. 이것은 단순히 귀납적 설교 방법론에 대한 그의 제안을 촉발했던 좋은 의사소통의 원리에 그치지 않는다. 내용과 형식의 일치에 대한 그의 강조는 성경학자로서 그의 연구에 뿌리를 내리고 있다. 크래독의 말을 인용하면, "건강하고 정직한 주석은 귀납적이어야 한다. 만약 주석이 이미 주석가의 생각을 사로잡고 있는 교리적 결론에 대한 근거를 제공해야 한다는 부담감 아래서 수행된다면, 그것은 더 이상 주석이 아니다."[14]

내가 설교학과 관련된 논의에 참여하게 된 것은 설교를 구성하는 연속적 형태에 대한 관심 때문이었다. 움직임의 문제가 핵심적이라는 크래독의 통찰에 공감하는 가운데, 나는 우리가 여행을 떠나든 농담을 듣든 간에 **예기**(anticipation)가 열쇠라는 확신에 이르게 되었다. 말하자면 설교는 "기대에서부터 시작해서 성취로"[15] 움직여 가야 한다는 것이다.

한편 크래독은 예기의 원리를 유비를 통해 성경 주석으로부터 이끌어 내었지만, 나는 그 원리를 음악으로부터 깨쳤다. 스티븐 크라이테스 (Stephen Crites)가 적절하게 지적했듯이, "음악의 리듬과 선율은 본질적으로 시간적이며", "일련의 박자와 음정"을 매개로 청중에게 "시간을 관통하는 통일성"을 제공한다.[16]

나는 점점 설교가 실제로 들려진다면 그 설교는 **가려움**(itch)**에서 긁음** (scratch)**으로** 움직이는 설교라는 결론에 이르게 되었다. 더구나 이러한 원리는 특정한 경우에만 타당하거나 혹은 특정한 성경구절에만 적용되는 것이 아니라 언제나 참되다는 확신을 갖게 되었다(물론 성인들의 경우 언제나 설교를 듣는다는 점을 예외로 인정해야 한다. 바로 이 때문에 우리가 그들을 성인이라고 부르는 것이다).

따라서 설교가 **내러티브 플롯**이라는 생각은 나의 작품에 핵심적인 요소가 되었다. 여기에서 나는 **내러티브**라는 용어를 **이야기**(story)와 동일한 의미에서 이해하지는 않는다 (내러티브와 이야기에 대해서는 나중에 더 자세하게 다룰 것이다).

이미 언급된 성경해석학적, 신학적, 수사학적 이슈들에 더하여 우리가 속한 시간과 장소의 또 다른 관심을 지적해야 할 것이다. 혹시 앞서 언급된 관심사들의 핵심적인 요소가 마치 실처럼 그러한 관심사들을 관통하고 있는 것은 아닐까? 지금 우리가 다루어야 할 요소는 **시간**이다. 다른 말로 하면 시간성, 서사성 자체, 즉 역사적 실존의 사실성이다.

시간은 "우리가 세상을 살아가는 방식이다."[17] 이것은 프레드릭 제임슨(Frederick Jameson)이 주장한 것이다. 토마스 만(Thomas Mann)에 따르면, 시간은 "삶의 매개"[18]이다. 시간성이 인간 실존의 보편적인 조건이라고 믿는 크라이테스는 "시간을 통한 경험의 형식적인 특성은 본질적으로 내러티브"[19]라고 주장한다. 테렌스 틸리(Terrence Tilley)는 크라이테스의 이 같은 주장에 뜻을 같이하며 "인간 경험은 **본질적으로 지속적**"[20]이라고 지적한다.

마찬가지로 로니 클리버(Lonnie D. Kliever)는 다음과 같은 확신을 갖고 있었다. "이야기의 영향력은 이야기 안에서 예시된 삶이나 예증된 원리에 국한되지 않는다. 이야기는 삶을 형성하는 힘을 가지고 있다. 왜냐하면 이야기는 형식상 삶의 형태를 구현하고 있기 때문이다."[21]

리차드 에스링거(Richard Eslinger)는 "설교는 움직이는 시간의 정돈된 형태이다."[22]라는 나의 주장을 인용한 다음, 이것이 설교와 관련해서 가지는 잠재적인 결론을 다음과 같이 해명한다.

생각, 명제, 주제 등은 모두 공간적인 특성을 가지고 있다. 우리는 개

요, 요점, 주제문장 등을 사용해서 "설교문을 만든다(짓는다)."고 말하는
데 익숙해져 있다. 하지만 만약 인간 경험이 본질적으로 시간적이라
면, 설교 역시 사고를 조합하는 것이 아니라 경험을 형성하도록 고안
되어야 할 것이다. [23]

(하지만 이것은 조지 린드벡〈George Lindbeck〉의 "문화적-언어적" 모델로부터 영향을
받은 에스링거의 최종 결론은 아니다.)

여기에서 우리가 주목해야 할 중요한 사실은 버트릭이 '증류의 과정'
에 대한 불만을 털어 놓았을 때 시간, 이야기, 서사성, 시간성 등이 그의
방정식에서 배제되어 있었다는 점이다. 또한 프라이가 우리에게 경고한
성경의 서사성 상실은 의미가 이야기 안에 내재해 있다는 사실을 간과하
고 이야기 밖으로 의미를 추출해 내려고 하는 부적절한 시도에 대한 지적
이다. 관념적 결론들에 대한 선언을 발견의 과정으로 대체하고자 하는 크
래독의 관심은 순서의 중요성에 관한 심오한 통찰에 기초하고 있다. 내러
티브 설교에 대한 나의 논의에서 시간은 설교 사건의 핵심적인 요소이다.

"경험의 창조로서의 설교 : 새로운 설교학의 그다지 합리적이지 않은
혁명"이라는 제하의 논문에서 로버트 라이드(Robert Reid), 제프리 벌록
(Jeffrey Bullock), 데이비드 플리어(David Fleer)는 "크래독, 버트릭, 미첼, 라우
리와 같은 이론가들에 특별히 주목하면서 최근 개신교 내에서 새롭게 형
성되고 있는 설교학 패러다임으로서 새로운 설교학"에 초점을 맞춘다. 그
들의 주장에 따르면, "화자와 청중 모두 이해의 사건에 함께 참여하는 경
험의 창조"는 "설교 방법에 있어 이 같은 패러다임 전환의 생산적인 통일
성을 표시하는" 핵심 요소이다.[24] 이제 좀 더 자세한 논의로 들어가 보자.

새로운 설교학의 최근 모습

"시대는 변화하고 있다."[25] 데이비드 버트릭은 말한다. "다가오는 새 시대를 위하여 우리는 어떤 종류의 설교학을 준비해야 할 것인가?"[26] 우리를 여기까지 데려온 다양한 요소들을 어떻게 규정하든 간에, 우리가 설교의 새 시대, 새 패러다임에 맞닥뜨렸다는 것은 부인할 수 없는 사실이다. 폴 스콧 윌슨의 말을 인용하면, "중세 시대 혹은 종교개혁 이래로 그토록 강한 바람이 설교학의 고원지대를 강타한 적은 없었다."[27]

그렇다면 우리는 설교 기술의 새로운 양태들을 어떻게 규정할 것인가? 우선 우리는 변화를 명명함에 있어 사용할 범주를 선택해야 한다. 루시 로즈는 설교의 네 가지 기본적인 범주들, 곧 설교에 있어 네 가지 핵심적인 변수들을 언급한다. 그 네 가지는 (1) 설교의 **목적**, (2) 설교의 **내용**, (3) 설교의 **언어**, (4) 설교의 **형식**이다.[28] 이 네 가지 변수들은 모두 서로 연결되어 있다. 우리는 이 네 문 가운데 어느 문으로든 들어간 다음 그 후에 다른 세 가지를 함께 다룰 수 있다. 그렇다면 우리는 어느 문으로 들어갈 것인가? 설교의 새로운 패러다임은 "변혁적 설교"라고 명명한 로즈는 설교의 목적을 핵심 범주로 삼았다.[29]

한편 에스링거는 "오늘날 활용 가능한 설교 방법" 다섯 가지를 언급함에 있어(이야기 방식, 흑인 전통 안의 내러티브 방식, 내러티브와 설교 구성 방식, 귀납적 방법, 현상학적 방법) 설교의 형식을 열쇠로 삼는다. 라이드와 앞서 언급한 다른 이들은 '경험의 산출'이 정의를 위한 적절한 맥락이라고 본다.

나는 새로운 설교학의 다양한 양태들을 묘사함에 있어 가장 유용한 범주로 **형식** 혹은 **구성**을 선택한다. 이것은 구성이 **목적**이나 **언어** 혹은 **내용**보다 더 중요하거나, 그것이 유일하게 중요한 범주이기 때문이 아니다. 오히려 그런 것과는 전혀 거리가 멀다.

사실상 설교의 목적 및 내용과 관련해서 의미심장하고도 심지어는 근본적인 변화가 일어나고 있다(이와 관련해서 우리는 이후에 한 장(章)을 할애할 것이다). 다만 내가 볼 때 설교의 구성을 핵심 범주로 삼고 거기에 초점을 맞추는 것이 공통점과 차이점을 명명하는 데 가장 경제적인 방법이기 때문이다.

'새로운' 설교학과 관련해서 우리가 우선적으로 기억해야 하는 사실은 새로운 설교학의 형태들 가운데 상당수가 이미 오랜 역사를 가지고 있다는 사실이다. 그러한 형태들이 오늘날 우리가 속한 시간과 장소의 맥락에서 새롭게 정체성과 목적을 갖게 되고 서로 연관을 맺게 되었다는 사실이 '새로운'이라는 수식어를 가능하게 할 뿐이다. 어떤 이들의 주장에 따르면, 오늘날의 패러다임 전환에 있어 주목할 만한 점은 근대성에 의해 포기되거나 과소평가된 설교의 양식들과 확신들이 다시금 주목을 받고 있다는 사실이다. 바로 이 때문에 라이드는 지금의 이 순간을 단순히 "전근대적 패러다임의 재발견"[30]으로 볼 수 있지 않을까 하며 의구심을 드러낸다.

'새로운 설교학'을 대변하는 목소리들의 다양성을 고려할 때, 우리는 서로 연관되어 있지만 또한 동시에 서로 구분되는 여섯 가지 서로 다른 양식들 혹은 모델들을 살펴볼 필요가 있다(우리는 이 양식들에 다만 간략하게만 살펴볼 것이다). 그런 다음에야 비로소 우리는 지금 우리가 어디에 서 있으며 어떻게 전진해 갈 수 있을지 명확하게 이해할 수 있게 될 것이다. 먼저 크래독의 모델부터 우리의 논의를 시작하자.

1. 귀납적 설교

크래독 덕분에 우리는 특정한 설교에서 관념 작용의 움직임이 가져오는 결과를 인식하고 명명할 수 있게 되었다.

효과적으로 설교하고자 하는 사람은 누구든지 움직임의 문제를 가장 우선적인 방법론적 관심사로 삼아야 한다. 설교가 움직이고 있는가? 어떤 방향으로 움직이고 있는가? (중략) 사고는 기본적으로 두 방향으로 움직인다. 그것은 연역적 방향과 귀납적 방향이다. 간단히 말해서 연역적 움직임은 일반적인 진리에서부터 구체적인 적용 혹은 경험으로 나아가고, 귀납적 움직임은 그 반대 방향으로 움직인다. (중략) 다른 말로 하면 (연역적 설교에서는) 결론이 전개되는 내용을 앞선다. 이것은 가장 부자연스러운 의사소통 방식에 속한다.[31]

그의 주장은 단순히 귀납적 설교(inductive sermon)가 정직한 성경 주석과 합치한다는 주장을 넘어선다. 그의 견해에 따르면, "모든 사람이 연역적인 방식이 아니라 귀납적인 방식으로 살고 있다는 것은 명백한 사실이다."[32] 뿐만 아니라 "설교자가 설교하는 방식은 상당 부분 그가 설교하는 내용과 동일하다."[33] 어떤 사람이 계시와 권위와 같은 핵심적인 이슈들에 관해서 어떤 생각을 가지고 있느냐는 그의 방법론적 선택을 보면 금세 명확하게 드러난다. 크래독은 귀납적 움직임이 회중의 본모습을 존중하고 공동체적 몸으로서 회중과 관계하는 방식이라고 본다. 귀납법은 관심을 불러일으킬 뿐 아니라, 연역법과 달리 설교의 통일성을 돕는다. 왜냐하면 연역적 설교는 종종 "세 편의 짧은 설교를 억지로 한데 붙여둔" 것 같은 느낌을 주기 때문이다.[34] 사실상 "성육신은 귀납적 방식"[35]이라고 크래독은 말한다.

2. 이야기 설교

이러한 형태의 설교는 구술된 이야기로 구성된다(때로 두 가지 이야기가 구술되기도 한다). 이러한 설교는 성경 이야기일 수도 있고 오늘날의 비유일 수도 있다. 하지만 기본적으로 이러한 설교는 이야기를 말한다.

오늘날 이러한 유형의 설교를 대변하는 저술가 중에는 리차드 젠센 (Richard Jensen, 「이야기 말하기」〈*Telling the Story*〉와 「이야기로 생각하기」〈*Thinking in Story*〉), 찰스 라이스(Charles Rice, 「구현된 말씀」〈*The Embodied Word*〉), 에드먼드 스타이믈(Edmund Steimle), 모리스 니덴탈(Morris Niedenthal, 「이야기를 설교하기」〈*Preaching the Story*〉) 등이 있다. 한 율법학자가 예수님께 나아와 이웃을 어떻게 정의해야 하는지 질문했을 때, 예수님은 한 편의 짧은 이야기 설교로 대답을 대신하셨다.

정의를 목적으로 할 경우 이야기 형식은 가장 기술하기 쉬운 유형이다. 하지만 이것은 이야기 형식이 이해하기 쉬운 유형이라는 뜻은 아니다. 예를 들어 많은 비평가들과 몇몇 친구들의 주장에 따르면, 이야기는 철저하게 우뇌의 활동과 관계한다. 이것은 때로 맞는 말이지만 항상 그런 것은 아니다. 그것은 이야기의 내용뿐 아니라 누가 어떤 목적을 가지고 누구에게 어떤 상황과 맥락에서 그 이야기를 하느냐에 달려 있다.

몇몇 사람들은 이 같은 형식을 정의하는 용어와 관련하여 특별히 혼란스러움을 느낀다. 종종 **이야기**(story)와 **내러티브**(narrative)라는 두 용어는 동의어로 간주된다. 때때로 이러한 관찰은 정확한 것이다. 부유하고 젊은 통치자의 **이야기**, 부유하고 젊은 통치자의 **비유**, 부유하고 젊은 통치자의 **내러티브**는 모두 동일한 의미를 갖고 있다. 종종 성경 내러티브 비평은 특정한 성경 이야기에 대한 해명에 관심을 가진다. 우리는 정경에 관해서 비록 정경 **이야기**를 의미하지는 않더라도 하나의 거대한 **내러티브** 형태를 취하고 있다고는 말할 수 있을 것이다.

전문적으로 말하면, 내러티브라는 용어는 '이야기'와 '화자'를 의미한다. 이것은 때때로 매우 적절하다. 실로 우리는 이야기 설교가 귀납적 설교의 한 형태임을 알 수 있다. 왜냐하면 이야기 설교는 구체적인 내용들로부터 시작해서 모종의 결론을 향해 움직여 가기 때문이다. 차이점이 있다면 이야기 설교의 경우 등장인물들과 배경, 활동, 분위기, 플롯이 있다는 점이 다르다.

3. 내러티브 설교

일반적으로 내러티브 설교(narrative sermon)를 가장 잘 특징짓는 것은 내러티브 설교가 플롯 형식을 취한다는 것이다. 말하자면 이런저런 방식으로든 언제나 **모순** 혹은 갈등으로 시작해서, **심화**의 과정을 거친 다음(사태가 항상 더 악화된다.), 결정적인 전환 혹은 **반전**을 경험하고, 마침내 **해결** 혹은 결말에 이른다.

이러한 설교가 이야기 구술을 수반할 수도 있지만(그런 경우 이야기 설교라고 불리는 것이 더 나을 것이다.), 이야기를 전혀 수반하지 않는 경우도 가능하다. 크래독은 자신의 책「복음 엿듣기」(*Overhearing the Gospel*)에서 내러티브 유형의 설교를 묘사하면서 다음과 같이 설명한다.

> 내러티브 구조를 통해 내가 의도하는 것은 하나의 긴 이야기 혹은 일련의 이야기들이나 예화들이 아니다. 특정한 메시지 전달을 위해 그러한 형식이 실제로 사용될 수도 있지만, 그것이 내러티브 구조를 이루기 위한 필수적인 요소는 아니다. 내러티브적인 의사 전달이라 할지라도 시, 논쟁, 일화, 유머, 주석적 분석, 주해 등 다양한 소재들을 포함하고 있을 수 있다. 36)

바로 이 점은 **이야기**와 **내러티브**의 용어상 차이점을 명확하게 보여준다.

하지만 여전히 설교학 분야의 일부 저술가들이 두 용어를 혼동하고 있다는 사실을 감안할 때, 다른 상호 연관된 용어들 사이의 유사점과 차이점을 유비를 통해 살펴보는 것은 도움이 될 것이다. 예를 들면 (처방전 약병에서 발견할 수 있는) **의약품**(medicine)과 (내과의사의 직업적 활동과 관련되는) **치료** (medicine) 두 용어를 생각해 볼 수 있다. 내가 볼 때 이 두 용어는 효과적인 유비를 제공해 준다. 왜냐하면 내과의사의 **치료** 활동은 의사가 특정한 **약물**(medicine)을 처방할 것을 요구하기 때문이다. 마찬가지로 **내러티브** 설교자가 이야기를 말해야 한다는 판단을 내릴 수도 있다(말하자면 **내러티브** 설교 안에 특정한 **내러티브**를 사용할 수도 있다). 다시 말해 연극에 등장하는 **인물** (character)은 고유한 **특성**(character)을 가지고 있으며, 이런 경우 **성품** (character)으로 드러날 수도 있다.

예증은 이것으로 충분할 것이다.

히브리 성경을 가르치는 토니 크레이븐(Toni Craven) 교수는 이러한 용어들을 잘 분류한 다음 **시간적 순서매김**(temporal sequencing)이라는 용어가 매우 적절한 도움을 준다고 결론을 내린다. 그녀의 견해에 따르면, 이 용어는 **근원**으로서 내러티브 본문을 가리킬 수도 있고, **전달**로서 내러티브 담화를 가리킬 수 있다. [37)]

결국 내러티브 설교를 정의하는 데 있어 핵심은 순서이다. 로즈가 명확하게 기술하고 있듯이, "이야기 설교가 이야기를 말하는 설교라면, 내러티브 설교는 플롯을 구성하는 연속적 요소들을 좇아가는 설교이다."[38)]

지금까지 다룬 설교의 세 가지 유형들, 곧 귀납적 설교, 이야기 설교, 내러티브 설교에서 공통적으로 발견되는 기본적인 요소가 한 가지 있는데, 그것은 "설교자가 의도한 의미(에 도달하는 것)를 전략적으로 지연시키는 것"이다.[39)] 계속해서 다른 연관된 설교 형식들을 고찰함에 있어 '전략적 연기'(strategic delay)라는 개념은 반드시 기억할 필요가 있다.

4. 초의식적 아프리카계 아메리칸 설교

이 설교 유형의 이름은 아프리카계 아메리칸 설교 경험에 있어 핵심적인 요소인 "공동의 축적된 지혜와 문화적 친화성"의 기능을 설명하는 한 방편으로 헨리 미첼이 사용한 용어에서 비롯된 것이다.[40] 그것은 의식의 흐름 기저에 자리하고 있으며 회중의 연대를 더욱 강화시키는 인식 형태를 가리킨다. 미첼의 주장에 의하면, "흑인 설교의 기술은 결코 비논리적이지 않다. 오히려 그것은 **보다 많은 단계들**에서 논리적이다."[41]

종이에 적힌 설교문은 주석에서부터 해석을 거쳐 적용으로 움직여 가기 때문에 전통적인 설교 형식을 취하고 있는 것처럼 보일 수 있지만, 사실은 다른 일이 진행되어 가고 있다. 말하자면 초의식적 서사성이 동시에 발생하고 있는 것이다. 윌리엄 맥클레인(William B. McClain)의 기술에 따르면, 이러한 내러티브 작품은 "천천히, 그리고 정교하게 세워져 간다. 설교자가 취하는 길은 몇 번의 우회를 거쳐 돌아갈 수도 있지만, 언제나 그는 특정한 장소를 향하고 있으며 시간을 두고 그곳에 도착하게 될 것이라는 기대를 안고 있다."[42] 비슷한 맥락에서, 에반스 크로포드(Evans Crawford)는 "**예기적 침묵**"(anticipatory silence)[43]에 대해서 이야기한다. 맥클레인은 잔 홈즈(Zan Holmes) 교수가 설교자에게 주는 충고를 기억한다.

> 낮게 시작하라. 천천히 가라.
> 높게 가라. 불을 지펴라.
> 자리에 앉아라.[44]

"수사학, 반복, 리듬, 쉼의 패턴",[45] 민간의 구두 전승, "목격자들"[46]에 의한 성경 이야기들 등 중요한 요소들이 모두 초의식적 연결점들을 만들어 내며, 이어서 경축이라는 설교의 절정으로 움직여 간다. 이 같은 내러티브적 기대는 아주 기본적이고 매우 강력한 것이어서, 사람들이 설교자에게 "시간을 가지라."고 이야기할 정도이다. 미첼의 분석에 따르면, "경축의 최종적인 역할은 적절한 절정을 이루는 것이다. (중략) 다른 모든 것은 이 절정의 순간을 향해 올라간다."[47]

5. 현상학적 움직임 설교

이 설교의 모델은 데이비드 버트릭의 업적이다. 이 모델은 정확하게 방금 제시된 이슈들을 다루는 것을 의도하고 있다. 이러한 설교 양식은 설교의 결론에서 절정에 달하는 플롯을 가진 다섯 혹은 여섯 개의 관념 단위들로 구성되어 있다.

"(성경) 이야기를 우리는 어떻게 설교할 것인가?"라고 버트릭은 질문한다.[48] 그는 "멋진 이야기를 말하는 것"[49]을 포함하여 다양한 선택 가능성들을 모두 제쳐두고 "직접성의 양태에서 설교하기"를 선택한다. 그의 설명에 따르면, "우리는 어떤 이야기에 관해서 말하는 것도 아니고, 혹은 이야기를 말하는 것도 아니다. 오히려 우리는 이야기를 듣고 거기에 반응하는 의식을 모방한다."[50]

한편 어떤 본문들은 '반성적 양태'(reflective mode)를 제시한다. "반성적 양태의 설교는 본문이나 주제를 설교하는 것이 아니다. 오히려 그러한 설교는 현대적 이해의 정돈된 영역을 그 본문에 의해 형성된 의식 안으로 가져간다."[51]

어떤 경우에는 설교자가 본문으로부터 시작하지 않고 인간의 상황으로부터 시작하며, "복음을 경험에 관계시키기보다는 경험을 복음에 관계시킨다." 그러한 설교는 "실천적 양태의 설교"(preaching in the praxis mode)라고 불린다. 그러한 설교는 "삶의 체험 속에 있는 사람들에게 말을 걸고, 따라서 삶의 체험의 해석학으로부터 출발한다."[52]

버트릭이 항상 **내러티브**라는 용어를 좋아한 것은 아니다. 그는 언젠가 "'내러티브 설교'에 관한 최근의 소란"에 대해 혹평을 가한 적이 있다.[53] 그럼에도 불구하고 그는 플롯의 개념은 받아들인다. 「설교학」(*Homiletic*)에서 그가 주장한 바에 의하면, "플롯이라는 단어는 모든 종류의 해석학적 행위에 적용될 것이다. 그것은 단순히 이야기에만 제한적으로 적용되지는 않는다."[54] 최근의 다른 글에서 그는 심지어 '플롯의 개념'에 한 단락을 할애하고 있다. 여기에서 그는 "플롯의 개념은 오늘날 우리 문화의 '스타일'과 잘 맞아떨어진다."라고 말한다. 그는 직접성의 양태를 다루는 가운데 내러티브라는 개념을 받아들일 수도 있을 것이다. 하지만 그의 결론은 결국 이것이다. "나는 내러티브적 속성보다는 플롯의 운동성(plotted mobility)이라는 개념을 더 강조한다."[55]

그러한 '플롯의 운동성' 혹은 움직임은 그의 핵심적인 관심에 속한다. 이와 관련해서 우리는 특별히 우리의 성경 본문 읽기가 그 본문이 말하는 내용보다 오히려 "그 구절이 행하고자 하는 바는 무엇인가?"라는 질문에 초점을 맞추어야 한다는 그의 생각에 주목하게 된다.[56]

다른 곳에서 나는 다음과 같이 말한 적이 있다. "만약 설교를 진주알을 엮은 고리에 비유할 수 있다면 버트릭의 주된 초점은 진주알들에 있다. 하지만 나의 초점은 고리에 있다."[57] (결국 버트릭의 '움직임들'은 사실상 '정류장들' 이다. 내가 볼 때 실질적인 '움직임들'은 그 사이에 있다.)

설교 구성과 관련하여 그의 작품과 근본적으로 의견을 같이한다고 생각하는 나는 도대체 무엇 때문에 버트릭이 **내러티브**라는 단어를 못마땅하게 생각하는지 의구심을 갖게 된다. 혹시 **내러티브**라는 용어와 이야기라는 용어가 대중의 언어 사용에서 흔히 동일한 지시체를 가지고, 아울러 **이야기**라는 용어가 종속화, 개인주의화, 심리화 등 그가 용납할 수 없는 함의들을 내포하고 있기 때문일까?

경우가 어떻든 간에 설교 구성과 관련한 버트릭의 관심은 분명 운동성, 곧 플롯을 가진 행동의 연속성에 초점을 맞추고 있다.

6. 대화적-일화적 설교

만약 여러분 중에 이런 유형의 설교가 여럿일 수 있다고 보는 사람이 있다면 그것은 정확한 지적이다. 하지만 설교에서 중요한 여러 요소들이 (비록 상이한 방식이지만) 함께 발견되는 일이 적지 않게 발생한다. '대화적'이라는 용어는 설교자와 회중 사이의 관계적 요소뿐 아니라 언어상의 문체와도 관계된다. 그리고 '일화적'이라는 용어는 설교의 구성과 관계된다.

캐롤 노렌(Carol Norén)의 말을 인용하면, "설교자의 목적은 특정한 관점으로의 설득이나 종교적 진리의 전달에 있지 않다. 오히려 설교는 사람간의 관계와 친밀성을 수반하는 심오한 활동이다."[58] 실로 설교는 "특정한 주제 혹은 본문에 관해 논의하는 소그룹 토론과 비슷할 수 있다."[59]

루시 로즈는 이런 유형의 강단 선포를 '대화적 설교'라고 이름붙였다. 그녀의 설명에 따르면, "대화적 설교에서는 설교자와 회중이 예배자의 삶을 위한 말씀의 신비를 함께 궁구하는 것으로 이해된다." 설교자와 회중은 모두 "상징적으로 원탁에 둘러앉아 있으며, 거기에는 머리도 발도 없다."[60]

또한 노렌이 기술하는 "페미니스트 / 해방신학의 해석학과 일반 여성들의 설교 사이에 존재하는 유사성" 역시 주목할 만하다. "둘 모두 내러티브 본문과 역사적 본문을 선호한다는 점에서" 비슷하다.[61] 나아가 그녀는 "여성 설교자들이 성경의 맥락과 오늘날의 상황 사이의 구체적인 유비를 사용하는 특징이 있다."고 지적한다.[62] 이러한 요소들은 일화적 설교의 형식에 아주 잘 맞아떨어진다. 이 같은 설교는 앞으로 움직여 나가지만 철저하게 단선적이고 독백적인 형식과는 거리가 멀다.

이렇게 볼 때 이러한 유형의 설교가 오직 여성들에 의해서만 행해지는 것은 아니라는 사실은 명확하다. 나의 동료인 텍스 샘플(Tex Sample)의 설교는 거의 언제나 세 편의 짧은 이야기로 구성되어 있는데, 그 사이에 연결 단락이 별도로 존재하지 않는다. 그리고 그 세 편의 짧은 이야기들 사이의 통일성은 오직 세 번째 이야기의 결론에 가서야 알려진다.

나는 가끔 프래드 크래독의 설교 방식이 귀납적 방식보다 일화적 방식에 더 가까웠을지 모른다는 생각을 한다. 분명 그는 귀납적으로 작업을 하고 있었지만, 그의 설교는 결론으로 움직여 가는 동안 계기들을 모으는 하나의 길을 쫓아가기보다 오히려 먼저 청중의 관심을 본문에 가져간 다음 슈퍼마켓으로, 이어서 관념적 숙고와 성찰로 그 관심을 이동시키고, 다시 두 번째 본문을 거쳐 강력한 이미지로, 그리고 마침내 우리가 예측할 수 없었던 곳으로 인도한다.

대화적—일화적 설교를 보다 덜 단선적인 귀납적 설교의 한 유형으로 보고, 다른 한편으로 귀납적 설교를 내러티브 설교의 한 형태로 보는 것이 가능할까? 지금까지 살펴본 새로운 설교학 가계의 여섯 구성원들에게서 공통적으로 발견되는 특징은 한결같이 결론을 앞서 미리 말하려 하지 않는다는 점이다. 모두 "고양이를 가방 속에 보관하고 있으며", 유동적이고 순서에 따라 움직여 가는 형태를 갖고 있으며, 설교자가 의도한 의미를 전략적으로 지연시킨다. 말하자면 비록 서로 상이한 방식이지만 또한 서로 연관된 방식으로, 이 모든 유형들은 모종의 **플롯**을 수반하고 있다.

전진. 지금까지 나는 북미 설교학 역사에서 오늘 우리가 서 있는 시간과 장소에 대해 살펴보고, 새로운 설교학과 관련하여 가능한 몇 가지 선택 유형들을 간략하게 소개했다. 이제는 우리의 사고를 요하는 중요한 이슈들로 나아갈 (혹은 더 깊이 들어갈) 시간이다.

앞서 보았듯이 루시 로즈는 설교에 있어 핵심적인 네 가지 변수를 **목적,**

내용, 언어, 구성으로 규정하였다. 이제는 그 각각의 요소를 살펴보아야 할 때가 이르렀다. 문제는 무엇부터 먼저 다루어야 하는가 하는 것이다. 솔직히 말하면 구성의 문제로 곧장 들어가서 "어떻게 할 것인가?"라는 질문을 서둘러 다루고 싶지만, 지금 이 순간에는 먼저 우리가 구성하고자 하는 그것이 무엇인지 밝혀내는 일이 급선무일 것이다.

만약 우리가 설교의 적절한 목적 혹은 목표라고 생각하는 바에 대한 잠정적인 정의를 내릴 수 있다면, 그 후에 설교 행위 및 설교 기술에 적합한 내용과 언어를 생각하는 것이 더 바람직할 것이다. 우리가 다양한 견해들 사이에서 논의를 전개해 갈 때 포스트모던 사고가 제기하는 중요한 이슈들이 우리에게 핵심적인 문제로 다가올 것이다.

그런 다음에야 비로소 우리는 구성의 문제와 관련된 중요한 이슈들을 다룰 수 있을 것이다. 물론 그 후에 실제로 어떻게 그것을 할 것인지에 관한 최종적인 이슈들을 살펴볼 것이다.

Ⅱ

과제 - 목표

- 정말 그런 일이 일어나는가?
- 다른 한편

The Sermon : Dancing the Edge of Mystery

과제 - 목표 ⓵

T h e   S e r m o n : D a n c i n g   t h e   E d g e   o f   M y s t e r y

   그렇다면 설교 기술과 관련한 이 모든 다양한 오늘날의 선택 유형들, 곧 이러한 "유동적이고 움직이는 연속적 형태들"의 요점 혹은 목적은 무엇인가? 하지만 실제로 우리가 다루어야 할 문제는 이 질문보다 폭이 넓다. 종류와 형태와 유형이 어떠하든 간에, 모든 설교가 가져야 하는 목적은 무엇인가? 우리가 설교라고 부르는 현상과 더불어 발생하는, 혹은 발생할 수도 있는, 혹은 반드시 발생해야 하는, 혹은 실제로 발생하는 일은 무엇인가?

   폴 쉐러(Paul Scherer)는 이 질문에 대해 자신의 명확한 대답을 갖고 있다. "만남이 일어나야 한다."[1] 그는 하나님이 "우리의 삶 속으로 끊임없이 움직여 오고" 계심을 느낀다.[2] 하나님은 "개념적 진리를 전달하는 데 목적을 두고 있지 않다."고 그는 설명한다.[3] "그것은 나중에 이루어져야 할 일이다. 하나님이 우리에게 전달해 주고자 하시는 것은 구원을 가져다주는 얼마간의 정보가 아니다. 하나님은 자기 자신을 우리에게 내어주길 원하신다."[4] 이런 의미에서 설교는 "리사이틀"이다.[5]

   혹은 바바라 브라운 테일러(Barbara Brown Taylor)의 견해가 사태의 본질에 더 근접할지도 모르겠다. 그의 주장에 따르면, "모든 설교가 하나님의 창조물"이지만 또한 동시에 "설교자와 청중의 창조물"이기도 하다.[6] 프레드릭 뷔흐너(Frederick Buechner)의 말을 인용하면, "설교자의 과제는 그

41   2장 | 과제 - 목표

(녀)가 상상력이나 언어구사 능력 혹은 마음가짐과 관련해서 어떤 은사를 가졌든 간에 그것을 활용하여 우리에게 삶을 비추어주는 것이다. 즉, 삶의 이미지를 만들어 우리로 하여금 어떻게든 우리의 삶의 무언의 진리를 직면하게 하는 것이다." [7]

크래독은 우리에게 말한다. "우리가 계시라고 부르는 현상으로부터 우리는 우리가 설교라고 부르는 현상을 이해하고 완성한다." [8] 그리고 설교의 목적은 '만남'을 촉진시키는 것이라는 찰스 라이스의 주장과 함께 우리는 원을 완전히 돌아서게 된다. 솔직히 말해서 원을 돌면서 어디에서 멈추어 서야 하는지 알기란 무척 어렵다.

우선 설교의 다양한 목적에 대한 루시 로즈의 분석이 우리에게 도움을 줄 수 있을 것 같다. 그녀의 견해에 따르면, **전통적** 설교, **선포적** 설교, **변혁적** 설교는 각기 다른 목적을 염두에 두고 있다. [9] (그녀는 또한 설교의 네 번째 유형으로서 **대화적** 설교를 언급한다. 하지만 나는 이것을 그녀가 말한 변혁적 설교 유형의 하나로 포함시켰다. 따라서 그녀의 추론 과정을 정당하게 고찰하기 위해서는 세 번째 범주를 새롭게 명명할 필요가 있을 것이다.)

우리들 가운데 상당수는 그녀가 말하는 **전통적** 설교를 들으며 성장했다. 이런 유형의 설교는 관념의 전달을 목적으로 한다. 계시를 통해 주어진 하나님의 진리는 기본적으로 명제의 형태를 취하는 것으로 이해된다. 설교의 목표는 수사학을 활용한 설득을 통해 청중으로부터 확신을 이끌어 내는 데 있다. 로즈는 설교의 목적을 "메시지를 전달시키는 것"으로 규정한 제임스 콕스(James Cox)의 말을 인용한다. [10] 진리가 핵심이다.

이런 유형의 설교는 인간 본성의 척도에서 보면 상당히 높은 곳에 위치하고 있다. 말하자면 설교가 이성적인 명료성과 충분한 설득력만 보여줄 수 있다면 "표현과 관념은 정확하게 일치한다."고 본다. [11]

신학적인 입장이 자유주의든 보수주의든 상관없이, 설교자는 사람들이 듣고 행함으로 반응할 수 있는 충분한 능력을 갖고 있다고 전제한다. 결국 복음과 인간의 경험은 연속적인 것으로 간주된다.

반면 **선포적** 설교는 그러한 연속성을 가정할 만한 근거가 희박하다고 본다. 선포된 말씀은 '하나님과의 만남'을 수반한다. 이런 유형의 설교에 따르면, 복음은 인간 경험과 불연속적인 것으로 이해된다. 설교자는 전혀 다른 영역에 속한 사자이다. 버트릭의 말에 따르면, 이러한 견해는 설교가 "계시적 사건의 '구원사'를 재구성한다."고 본다. 즉, "기본적으로 설교는 하나님의 권능의 행위들에 대한 과거의 계시들을 오늘날에 전달하는 것으로 이해된다."[12]

언젠가 바르트는 침몰하는 타이타닉 호 주변에서 설교해야 하는 상황에 대해서 말하면서 제1차 세계대전의 발발에 대한 설교를 해야 한다는 사실을 통탄했다.[13] "목회자의 목적은 상황 적절성의 언덕을 넘어서 있어야 한다."[14] (하지만 역설적이게도 설교에 대한 그의 강조는 말씀은 오직 하나님께 속한 일이라는 주장으로 인해 경감되어진다. 즉, 인간 행위자는 사라지고, 단순한 반복만이 우리의 몫으로 남는다. "하나님의 말씀을 인간의 입술에 담는다는 것은 불가능한 일이다. 그런 일은 있을 수 없다. (중략) 〈그것은〉 하나님의 활동이다.")[15]

전통적 설교가 관념의 전달에 초점을 맞춘다면 선포적 설교는 **중재**에 초점을 둔다. 이것은 설교의 계시적 속성이 언어적 관념의 전달이 아니라 하나님의 자기계시와의 만남으로 이해되기 때문이다. 선포적 설교에 있어서 설득의 기술은 그다지 중요하지 않다. 오히려 신실한 증언이 중요하다. 언어는 타락한 것으로 간주된다. 하지만 하나님은 그것을 뚫고 들어오신다.

로즈가 **변혁적** 설교라고 명명한 유형의 설교는 몇몇 다른 사람들이 새로운 설교학이라고 명명한 것과 동일하다. 이런 유형의 설교와 가장 밀접하게 관련된 개념들에는 **사건**과 **만남**이 있다(여기에서 만남은 선포적 설교에서 말하는 만남과는 다소 차이가 있다). 이러한 유형에 속하는 다양한 설교에 있어 핵심적인 것은 "인간의 의식을 형성하는 (혹은 새로운 방향 설정을 가능하게 하는) 수행적 언어의 능력"이다. 아울러 은유, 플롯, 귀납법, 경험, 상상력 등과 같은 변수들이 설교 행위에 관한 이 같은 이해와 더불어 통상적으로 논의된다. 환기(evocation)가 열쇠다.

이러한 관점은 성경학 분야에서 일어난 중요한 변화의 맥락에서 무대에 등장했다. 즉, 성경학 분야에서 무게중심이 역사비평, 양식비평, 편집비평에서 이야기비평으로 이동하고, 비유연구 분야에서 비유가 **하나**의 요점을 가지고 있다고 보던 이전의 견해가 비유가 요점이라는 견해로 대체되는 것과 궤를 같이했다.

일부 주석가들은 변혁적 설교 유형을 포스트모던 사고와 연결시킨다. 만약 이것이 참되다면, 포스트모더니즘은 내가 볼 때 그렇게 급진적인 사상이 아니다. (폴린 마리 로즈노<Pauline Marie Rosenau>의 정의를 기준으로 할 때),[16] **회의적** 포스트모더니스트들과 **긍정적** 포스트모더니스트들 사이에서 내가 읽은 대부분의 저술가들은 후자의 진영에 속하거나 혹은 성경 이야기 연구 분야에서 수정주의자들로 분류되는 사람들이다.

다시 말하지만 내가 루시 로즈가 언급한 네 가지 범주 가운데 세 가지만 선택적으로 다룬다는 사실은 그녀에게 불편한 감정을 불러일으킬 것이다. 이것은 그녀가 **변혁적** 설교 유형에 대해 친근감을 갖고 있지 않다는 뜻이 아니다. 사실 그녀는 이전 작품에서 자신을 이 진영에 포함시켰다.[17] 하지만 그녀는 이제 더 이상 변혁에 초점을 맞추는 것을 원치 않는다. '상호간의 교화'는 그녀가 언급한 네 번째 범주, 곧 **대화적** 유형의 설교를 더 잘 표현해 준다.[18] 내가 말하고자 하는 것은 만약 우리가 변혁적 설교에 대해서 다른 이름(예를 들어 새로운 설교학)을 사용한다면 그녀의 견해가 보다 안정적으로 보일 수 있다는 사실이다.

하지만 논의를 더 진전시키기에 앞서 한 가지(아마도 두 가지) 주의 사항을 언급하는 것이 순서라고 생각한다. 그것은 이 세 가지 설교 유형 모두 매우 다양한 설교자들과 설교 이론들을 포함하고 있다는 점이다. 몇몇 사람들은 역사적 변화의 양편에 모두 발을 디디고 있는 중간자적 존재로 보일 수 있다. 예를 들면 그래디 데이비스, 헨리 미첼, 데이비드 버트릭을 언급할 수 있을 것이다. 아마도 로즈의 이름 또한 여기에 포함되어야 할 것이다.

우선 어떤 하나의 범주에 속한다는 것은 다만 다른 범주에 위치시키는 것이 더 문제시된다는 점을 의미할 뿐이다. 따라서 어떤 식의 범주화든지 간에 일반적으로 정확성을 갖추어야 하겠지만 동시에 합리적으로 느슨하게 풀어둘 필요가 있다. 각각의 범주에 속한 사람들은 경계선상 밖에 있는 사람들이 아니라 특별히 경계선상에 있는 사람들과 더불어 많은 논쟁을 벌인다. 만약 어떤 사람이 다른 사람들의 견해를 반박하고자 할 경우, 가족 사이의 불일치의 골이 깊게 패일 수 있다.

뿐만 아니라 소위 특정 범주에 속한 사람들에게 유사성을 강요하는 것은 지나친 일반화의 오류를 범할 위험이 있다. 말하자면 특정 범주에 속한 사람의 핵심 주장에서 그가 비판하는 관점의 가장 큰 약점이 흔히 발견된다. 이런 사실은 특정한 관점을 대변하는 우리 모두가 반드시 염두에 두고 있어야 할 점이다.

하지만 범주들이 상당히 중요하다는 사실을 부인할 수는 없다. 범주들은 우리가 만나게 되는 다양한 견해들을 이해하는 데 있어 우리에게 도움을 줄 뿐 아니라 우리의 행동, 곧 우리가 미처 의식하지 못했던 행동 양식을 인지하고 규정하고 반성하는 데 있어서도 도움을 준다.

정말 그런 일이 일어나는가?

설교가 의도하는 바에 대한 생각들이 다양하다는 점을 고려할 때-즉, 전통적인 설교자들은 진리의 **전달**을, 선포적 설교자들은 하나님의 자기 계시의 **중재**를, 변혁적 설교자들은 **경험적 사건의 환기**를 염두에 두고 있다는 사실을 염두에 둘 때 - 과연 그렇게 의도한 바가 실제로 일어나는가? 항상? 아니면 가끔씩만? 언제, 어떤 상황에서 그런 일이 일어나는가?

세 유형 모두에서 우리는 의도한 바가 실제로 일어난다고 확신하는 사람들을 찾을 수 있다. 예를 들면 '설교를 전달'로 이해하는 위대한 자유주의 설교자 해리 에머슨 포스딕(Harry Emerson Fosdick)은 다음과 같이 주장한다.

> 설교자의 일은 회개를 단지 회개를 논하는 데 있지 않고, 사람들을 설득해서 회개시키는 데 있다. (중략) 설교자의 일은 단지 환난과 시험 속에서 승리를 가져다주시는 하나님의 능력에 대해서 단순히 이야기하는 데 있지 않고, 사람들이 주일예배에서 나와서 삶 속에서 승리하도록 하는 데 있다. 설교자의 과제는 청중 가운데 그가 말하는 바를 성취하는 것이다.

> 어느 날 나는 설교가 창조적이고 변혁적일 수 있다는 확신을 갖기 시작했다. 훌륭한 설교는 균열을 메우는 공학적 시술이다. 말하자면 한편에 위치한 영적인 유익들을 다른 편에 위치한 개인의 삶 속에 실제로 옮겨두는 것이다. (중략) 훌륭한 설교는 청중의 삶 속에 변혁적 변화를 가져오는 일에 있어 결코 실패하지 않는다. [19]

한편 **중재**의 전통에 서 있는 설교자로부터 우리는 "그리스도와 내가 말씀 안에 현존한다."는 주장을 듣는다. 이런 주장을 펼친 설교자는 구스타프 윈그렌(Gustaf Wingren)이다. 그의 말에 따르면, "설교는 단순히 과거의 그리스도에 대한 연설이 아니다. 오히려 설교는 현재의 그리스도가 오늘 우리에게 생명을 주시는 수단으로서 입이라고 볼 수 있다. 말씀 속에서 우리는 과거에 일어난 일, 그리고 앞으로 일어날 일의 참여자가 된다."[20)

데이비드 버트릭 역시 포스딕과 윈그렌의 견해에 뜻을 같이하지만, 그는 그들과 다른 이유와 목적을 갖고 있다. 「설교학」에서 그가 주장한 바에 따르면, "설교는 '하나님의 말씀'으로서 하나님의 목적에 참여하고, 그리스도에 의해 주도되며, 세상 속에 있는 공동체와 함께 성령님에 의해 지탱된다."[21) 같은 책 앞부분에서 그는 다음과 같이 쓰고 있다. "설교는 의식 속에 하나님과 연결된 '신앙 세계'를 구성한다." 그 결과 "적어도 설교는 정체성의 변화를 가져온다."[22) 다른 말로 하면 "설교 중에 일어나는 일은 다름 아니라 우리의 세계가 변혁된다는 것이다."[23)

그는 언제 그런 일이 일어나지 **않는지** 정확하게 알고 있는 것처럼 보인다. "숫자와 내용을 떼어 놓는 **모든** 문장은 그것이 발설되는 즉시 의식에서부터 사라진다는 사실을 이해하라."[24) 다시 말해 "**모든** 중첩된 문장들은 삭제될 것이다."[25) (적어도 내 컴퓨터는 무슨 문제가 있는 것은 아닌지 물어온다.)

실상 이 모든 주장은 특별하다. 왜냐하면 버트릭에게는 또 다른 면이 있기 때문이다. 이제 그 다른 면을 잠시 살펴보고자 한다. 그의 사고의 다른 측면은 신비에 대해 의구심을 가지고 어떻게 "우리가 하나님의 현존 안으로 들어갈 수 있는지" 고민한다.[26) 참으로 그는 다음과 같은 믿음을 갖고 있었다. "거짓 선지자들은 항상 신비의 현존 앞에서 전율하는 법을 잊은 사람들이다."[27)

설교 중에 특별한 일이 일어난다는 것을 강하게 긍정하는 다른 저술가들 중에 폴 스콧 윌슨을 언급할 수 있다. 그는 자신의 최근 저작의 첫 번째 장에서 자신의 생각을 명료하게 개진한다. "우리는 설교를 그것을 통해서 회중이 살아 계신 하나님을 만나는 사건이라고 주장한다."[28] 다시 말해 "하나님은 자기 계시를 위해 설교를 사용하신다. 왜냐하면 대개의 경우 하나님이 바로 성경의 강독과 정확한 해석(우리의 전통들이 제공한 안정망) 가운데 스스로를 드러내시기로 작정하셨기 때문이다."[29] 하나님이 그렇게 선택하실 **수도** 있다거나 혹은 **가끔씩** 선택하신다는 말이 아니라, "대개의 경우 (그렇게) 선택하신다."는 것이다. 그렇다면 그가 '전통들'(복수형)에 의해 제공되는 안정망으로서 '정확한 해석'(단수형)에 대해서 말할 때 그것이 의미하는 것은 무엇일까?

버트릭과 윌슨을 비교하면, 그들은 (하나님과 설교자와 회중을 꼭짓점으로 하는) 삼각형에서 서로 다른 면에 자신의 확신을 가지고 있는 것처럼 보인다. 윌슨의 확신은 하나님과 설교자 사이에서 작동하는 것처럼 보이는 반면, 버트릭의 확신은 설교자와 청중 사이에서 작동하는 것처럼 보인다. 다시 말해 윌슨은 계시에 대한 이해에서, 그리고 버트릭은 의사소통과 의식에 관한 이해에서 확신을 가지고 있다.

루시 로즈 역시 확신을 갖고 있지만 설교의 목적과 관련해서 그녀는 전혀 다른, 아마도 가장 온건한 생각을 갖고 있다. 그녀가 주장하는 대화적 설교에 따르면, 설교자는 "진리 주장에 대한 동의를 이끌어 내는" 데 주된 목적을 갖고 있지 않다. 따라서 우리는 그런 일이 실제로 일어나는지 여부를 놓고 염려할 필요가 없다. 설교자는 하나님의 전적인 개입이나 변혁적 사건을 기대하지 않기 때문에 이러한 이슈들은 확신의 문제와 관련해서 결정적이지 않다.[30]

그렇다면 "설교의 내용이 상대주의의 구렁텅이, 곧 모든 것이 불안정하고 요동하는 곳으로 미끄러져 내려가는 것인가?" 스스로 던진 이 같은 질문에 대해 그녀는 다음과 같이 대답한다. "아니다. 대화적 설교에서 설교의 내용은 신앙 공동체에 제시된 일종의 제안이다. 설교자의 편에서 보면 일종의 모험이다."³¹⁾ 제안을 내놓는 것, 이것이 목적이다. 그런 일이 없었다고 생각하는 것은 어려울 것이다.

다른 한쪽의 극단에는 디트리히 리츨(Dietrich Ritschl)이 있다. 그는 자신의 저작 「선포의 신학」(A Theology of Proclamation)에서 다음과 같이 주장한다. "말씀, 곧 예수 그리스도는 자신의 일을 수행할 것이다. 따라서 우리는 설교가 단순히 개인의 삶과 신앙을 창조할 뿐 아니라 세상의 역사까지도 결정한다고 말해야 한다."³²⁾

지금까지 우리가 살펴보았듯이 설교의 목적이 설교의 사건 가운데 이루어진다는 확신이 모든 설교 유형에 속한 사람들에게서 발견된다. 설교의 목적에 대한 생각은 각기 서로 다르지만 이 확신만은 그들 모두 공통적으로 가지고 있다.

다른 한편

하지만 다른 한편으로 우리가 일어나길 **소망**하는 그 일이 실제로 주일에 일어날 것이라고 확신하지 못하는 사람들도 있다. 그들은 주일 오후에 결코 실망하는 일이 없다는 말이 무엇을 뜻하는지, 이와 관련해서 스스로 만들어 낸 기쁨이 아니라 진정한 기쁨이 넘쳐난다는 것이 무엇을 의미하는지 의아해한다. 우리의 계획과 실제로 일어날 수도 혹은 일어나지 않을 수도 있는 일 사이의 관계는 어떻게 되는가?

예를 들어 바바라 브라운 테일러는 다음과 같이 말한다. "설교자의 입술과 청중의 귀 사이에서 우리의 예측이나 설명을 넘어서는 어떤 일이 실제로 발생한다." "동일한 설교가 주일 오전 9시와 11시 15분에는 전혀 다르게 들린다."는 의미가 아니다. "주일을 지내고 며칠을 지낸 다음 어떤 사람이 나의 설교 중 일부를 나에게 다시 인용해 준다. 하지만 그것은 내가 결코 했던 말이 아니다. 여기 누구도 말할 수 없는 어떤 일이 진행되어 가고 있다." [33)

그렇다. 실로 특별한 일이 진행되어 가고 있다. 때로는 좋은 일일 수도 있고 때로는 그렇지 않을 수도 있다. 이 포착된 **의도**와 **결과** 사이의 잠정성에 주목하라. "설교의 신학"이라는 제하의 장 마지막 구절에서 그는 자신이 하는 말이 이것과 관련된 모든 논의에서 항상 '마지막 말'이 되어야 한다고 주장한다. 즉, "설교의 신학은 설교의 잠정적 성격에 대한 인정이다."

그러한 신학은 설교자가 성장하거나 성숙할 수 있는 권리, 설교자가 그 과정 중에 하나님에 대하여 그 어떤 주장이나 요구도 하지 않을 권리를 전제해야 한다.

> 설교의 신학은 기껏해야 세상 안에서 하나님의 말씀의 길을 분별하고 설교의 양식이나 내용을 거기에 맞추려는 시도에 지나지 않는다. 설교자는 결코 "이것이 바로 하나님이 설교를 통해서 일하는 방식이다."라고 말해서는 안 된다. 오히려 설교자는 "이것은 하나님이 일하시는 방식에 대한 나의 이해에 기초해서 내가 일하는 방식이다."라고 말해야 한다. 하지만 그때에조차 모든 모퉁이마다 깜짝 선물들이 기다리고 있다. [34)

때때로 그 깜짝 선물은 대단한 것일 수 있다. 제임스 콘(James Cone)이 기술하듯이, "말씀은 하나님에 관한 **말들** 이상의 것이다. 하나님의 말씀은 시적인 사건이며, 사람들의 삶 속에 형언할 수 없는 실재를 환기시키는 것이다." [35) 하지만 때때로 그것은 그렇지 않을 수도 있다. 레베카 챱(Rebecca Chopp)이 설명하듯이 "말씀과 말들의 관계는 의미, 현존, 의의의 관계이지만, 그것은 또한 간극, 표현 불가능, 단절, 혼돈의 관계이기도 하다."[36]

하지만 콘이 사용한 **환기**라는 단어는 주목할 만하다. 이 용어는 설교 중에 일어나는 혹은 일어나지 않는 현상을 분별하려고 애쓰는 우리에게 도움을 준다. 이것은 데이비드 랜돌프(David Randolph)가 20여 년 전에 사용했던 표현이다. "설교는 상품을 포장하는 것이 아니라 사건을 환기시키는 것으로 이해된다."[37]

환기라는 단어는 내가 교육학 대학원 과정 중에 공부했던 한 책을 생각나게 한다. 그 책은 토마스 그린이 쓴 「가르침의 활동들」이다. 이 책에서 그는 길버트 라일(Gilbert Ryle)의 작품으로부터 범주혼동에 관계된 주장을 이끌어 낸다. 말하자면 그는 두 용어 **과제**과 **업적**의 차이점에 주목한다. 두 용어는 때로는 인과관계를 수반하는 것처럼 보이지만, 때로는 독립성을 주장하는 것처럼 보이기도 하기 때문이다.[38]

그는 보는 것과 발견하는 것의 과제－업적의 쌍(pair)이 서로 어떻게 관계 맺고 있는지 설명한다. 말하자면 보는 것이 때때로 발견하는 것을 촉발하기도 하지만, 또 어떤 경우에는 **발견하는 것**이 **보는 것**과 전혀 무관할 때도 있다. **가르치는 것**과 **배우는 것** 또한 이와 같은 과제－업적의 쌍을 보여준다고 지적하면서, 그는 만약 아무런 배움도 일어나지 않는다면 과연 가르침이 계속될 수 있을까라는 질문을 던진다. 내가 볼 때 이것은 어리석은 질문이다. 대답은 물론 그럴 수 없다는 것이다. 하지만 이것은 만약 아무도 말씀을 경험하지 못한다면 과연 **설교**가 계속될 수 있는가라는 질문과 동일선상에 있으며, 이번 경우에는 안타깝게도 그럴 수 있다고 대답해야 한다. 그런 일이 종종 발생하기 때문이다. 때때로 내가 설교자의 위치에서 경험하기도 했다.

그린은 과제와 업적 사이의 차이점을 다음과 같이 설명한다. 예를 들면 어떤 사람이 낚시를 하러 가서 아무것도 낚지 못할 수 있다. 이때 **낚시**는 과제에 상응한다. 반면 어떤 사람이 수영하러 가서 물에 젖지 않을 수 있을까? 그럴 수 없다. 왜냐하면 **수영**은 업적에 상응하기 때문이다.

유비적으로 말해서 나는 **설교**가 과제에 상응한다고 주장하려고 한다. 그것은 우리가 하는 어떤 일이다. 이 문제와 관련해서 한 유명인사는 이렇게 말했다. "설교를 통해서 설교자는 (자신이) 통제할 수 없는 어떤 일, 그 미래를 (자신도) 예측할 수 없는 어떤 일을 수행한다."[39] 데이비드 쉴라퍼(David Schlafer)의 말에 따르면, 훌륭한 설교자는 "훈계하기보다는 환기시키고, 명령하기보다는 제안하는 식의 전략을 선택한다."[40]

여기에서 다시 한 번 우리는 '환기시키다'라는 표현에 맞닥뜨린다. 설교는 특정한 사건을 **강제**하는 것이 아니라 환기시키는 것을 목적으로 하는 일종의 제안이다. 버트릭의 말을 인용하면, "설교의 핵심은 일상적인 용어를 사용하여 복음을 특별하게 섬기는 것이다. 즉, 신비의 가장자리에서 춤을 추는 것이다."[41] 바로 그것이다. 버트릭의 표현을 사용하면, 설교는 **청원**(invocation)이다.[42]

만약 **설교**가 (그린의 공식에 따라) 과제에 상응하는 것으로 이해된다면, 그 것과 더불어 업적에 상응하는 것은 무엇인가? 내가 볼 때 업적에 상응하는 것은 **선포**이다. 즉, 말씀을 선포하는 것이다.

설교는 내가 할 수 있는 일이다. 내가 선택하고 내가 준비하는 일이다. 기도하는 가운데 나는 설교를 준비하고 또한 그것을 수행한다. 다음 주일에도 나는 설교를 할 것이다. 하지만 말씀을 선포하는 것, 그것은 내가 다음 주일에 일어나길 **희망**하는 내용이다. 나는 나의 최선의 전략을 통해 선포의 가능성을 극대화하고자 애쓸 것이다. 하지만 말씀을 선포하는 일, 그 일은 어느 누구도 마음대로 제어할 수 없는 일이다. 여러분은 그것을 붙잡을 수도, 소유할 수도, 포장할 수도, 배송할 수도, 그것의 수용을 통제할 수도 없다. 어쩔 수 없는 일이다. 설교를 행하는 것은 설교자의 **과제**이지만, 말씀을 선포하는 것은 설교자가 희망하는 **목표**이다. 실로 그것은 업적에 상응하는 것이다.

설교의 과제와 업적 사이를 연결하는 다리, 설교와 선포를 잇는 다리는 **환기**이다.

1958년은 그래디 데이비스의 탁월한 설교학 저작이 출판된 해이다. 이 해에 역사적 차원을 다룬 또 다른 설교학 책이 등장했는데, 그것은 바로 영국의 성직자이자 시인인 브라운의 「말씀 사역」(*The Ministry of the Word*)이다(그는 우리에게 설교자가 설교의 결과를 제어할 수도, 심지어는 예측할 수도 없다는 사실을 일깨워 주었다).

이 책의 내용은 매우 심오하다. 크래독이 쓴 교과서 「설교」(*Preaching*)의 마지막 페이지에 "추천하는 자료들"이 첨부되어 있는데, 거기에서 처음으로 언급되는 책이 바로 브라운의 「말씀 사역」이다. 크래독은 이 책에 대해서 "삼사 년마다 매번 다시 읽을 가치가 있는 책이다."라고 말했다.

브라운의 주장에 의하면, "궁극적으로 설교자의 사역은 사람들이 지각 가능한 마음 상태에 있도록, 다시 말해 하나님의 활동에 마음이 열려 있고 수용적이도록 돕는 것이다."[43] 이러한 생각은 인간의 말과 하나님의 말씀 사이의 차이를 분별하는 문제를 두고 어려움을 겪고 있는 설교자들에게 진지한 성찰을 불러일으킨다. 브라운은 다음과 같은 충격적인 생각을 자신의 사고의 기저로 삼고 있다. "어떤 의미에서 설교는 중요하지 않다. 중요한 것은 설교자가 말할 수 없는 것이다. 왜냐하면 형언할 수 없는 것은 형언할 수 없는 것으로 남아 있고, 우리가 할 수 있는 일이란 우리의 가장 정돈된 말로 그것을 향한 몸짓을 만드는 것이다."[44] 따라서 브라운이 설교를 한 문장으로 요약하는 것에 대해 부정적인 생각을 가졌다는 것은 그리 놀랍지 않다. "만약 설교에서 말한 내용 전부를 한 문장에 담을 수 있다면, 설교문을 작성함에 있어 어떻게 요점이 있을 수 있겠는가?"[45] 하지만 그의 주장에 의하면, "때때로 어눌한 문장들이 형언할 수 없는 신비를 반사하며", 설교자가 알 수 없는 "일들을 입술이 선포할 것이다."[46]

때때로 이런저런 경우에 설교는 우리의 과제이다. 말씀의 선포는 실현된 목표이다. 아마도 환기 작용이 설교와 선포를 잇는 다리, 그 둘 사이를 연결하는 매개가 될 것이다.

행위 - 기술

- 설교의 사회적 맥락
- 진리를 직시하는 문제
- 그렇다면 진리란 무엇인가?
- 무대담당에서 산파로

행위-기술

The Sermon : Dancing the Edge of Mystery

Ⅲ

적어도 한 단계에서는 '환기 작용'이라는 문구가 특별히 유용하고 쓸모 있다고 나는 생각한다. 하지만 "형언할 수 없는 것은 형언할 수 없는 것으로 남아 있다."는 브라운의 주장을 진지하게 고려할 경우, '환기 작용'이라는 문구 역시 더 이상 자명한 것으로 여겨지지 않는다. 과연 우리가 정확히 무엇을 환기시키는 것인가? 신학자 헨드리쿠스 벌코프(Hendrikus Berkhof)는 하나님이 계시하시는 **첫 번째** 사실은 하나님의 숨어 계심이라고 주장한다. 다시 말해 하나님은 "그 행위를 통해서 더 이상 숨어 계시는 하나님이 되지 않는 것이 아니다."[1] 만약 그의 이 같은 주장이 옳다면, 하나님이 계시하시는 **두 번째** 사실이 무엇인지 궁금해진다. 여전히 계시되어야 할 남은 것은 무엇인가?

여성신학자 레베카 찹(Chopp)은 자신의 견해는 아니지만 어떤 사람들의 견해에 따르면, "하나님과 세상 사이에 넘을 수 없는 간극"이 존재한다는 사실을 언급한다. 만약 그들의 판단이 옳다면 분명 환기에 대한 소망은 헛된 것임에 틀림없다. 하지만 찹은 그들의 생각에 동의하지 않는다. "선포에 대한 나의 생각을 말하자면, 나는 간극과 연결 사이의 관계를 주장한다." 이어서 그녀는 말한다. "결국 언어 자체가 모종의 상호 주관성, 즉 간극을 잇는 상호 연관성에 근거하고 있다. 그렇지 않다면 왜 우리가 언어를 필요로 하겠는가? 동시에 언어는 철저하게 간극, 심연, 분리에 근거하고 있기 때문에 의사소통을 필요로 한다."2)

상호 연관성. 이것이 우리가 이 장에서 다룰 내용의 전제이다. 아마도 다음과 같은 비판적인 질문이 제기될 수도 있을 것이다. **말로 표현할 수 없는 것을 말하고, 소유할 수 없는 것을 내어주는 언어는 과연 어떤 종류의 언어인가?** 이 질문이 유일하게 제기되는 질문은 아닐 것이다. 왜냐하면 우리는 이 장에서 설교의 내용에 대한 전반적인 관심을 다루려고 하기 때문이다. 하지만 이 질문은 우리의 논의를 시작하는 질문은 될수 있을 것이다.

한편 상호 연관성은 단순히 일대일 관계('오직 나와 예수님'이라는 생각)로 환원될 수 없다. 왜냐하면 우리가 **언어**라는 말을 사용하는 순간 우리는 사회적 맥락 속에 위치하게 되기 때문이다. 피터 버거(Peter Berger)와 토마스 러크만(Thomas Luckmann)은 수십년 전에 「실재의 사회적 구성」(*The Social Construction of Reality*)이라는 제목으로 책을 출간한 적이 있는데, 이 제목이 바로 이것을 말하고 있다.

설교의 사회적 맥락

우리 가운데 상당수는 북미 지역에서 다른 가르침을 받아온 것이 사실이지만, 공동체적인 맥락을 떠나서 설교나 모종의 의미에 관해 우리가 이야기하는 것은 불가능한 일이다. 포사이드(P.T. Forsyth)는 이것을 다음과 같이 표현한다. "나는 감히 역사 속에 위대한 설교자가 한 사람 있다면 그것은 교회라고 주장한다."3) 개인으로서 설교자는 '교회에 설교하도록' 부름 받았지만, 또한 '교회로부터 설교해야' 한다.4) 다른 측면에서 아더반 제터스(Arthur Van Seters)는 다음과 같이 주장한다. "모든 설교는 **사회화**

된 존재에 의하여 특정한 **사회적** 맥락 속에, 또한 언제나 어떠한 **사회적** 순간 안에 위치하고 있는 **사회적** 존재자를 향해 발설된다."[5] 스티븐 크라이테스의 보다 철학적인 견해에 따르면, "그것은 (어떤 개인이) 순수하게 개인적인 의식에서 출발한 다음 그 후에 보다 고차원적인 의미를 개진하는 것처럼 이해될 수 없다. 사람들은 이미 어떤 사회 안에서 문화적 형태와 혼합된 의식으로 각성된다."[6] 반 제터스의 결론은 다음과 같다. "결국 모든 설교는 사회적 행위이다."[7]

공적인 신학의 문제에 대해서, 즉 사회적 위치의 척도를 벗어나 말할 수 있는 가능성의 문제에 대해서 사람들이 어떻게 생각하든 간에 언어는 단순히 '학습되는' 것이 아니라 이미 주어진 것이다. 이것이 바로 우리 모두가 언어에 의해 매개되는 역사와 더불어 태어난다는 말의 의미이자 이유이다.

우리는 참이 지적하는 "언어의 공동체적 특성과 공동체의 언어적 구성"뿐 아니라 "인간의 말, 관계, 행위와의 의사소통적 연대"의 영향력 또한 이해할 필요가 있다.[8]

브라운은 설교의 언어에 관한 우리의 현재 관심 저변에 놓여 있는 핵심 문제를 분별한다. 즉, 그는 설교의 의사소통과 관련한 혼동의 문제를 지적한다. 그의 관찰에 의하면, "하나님의 계시의 양태에 대한 한 개인의 생각은 (그 사람의) 설교의 양태를 결정한다." 하나님의 계시가 명제적 형태로 주어진다고 믿는 설교자들은 당연히 그러한 견해에 상응하는 설교를 발전시킬 것이다. 이때 영감은 설교에서 사용할 수 있는 "올바른 명제들을 얻는" 데 있다. 이 설교들처럼 믿지 않는 사람은 굳이 그들처럼 설교하지 않을 것이다. 그런데도 여전히 그들처럼 설교하는 사람들이 많이 있다고 브라운은 지적한다.

성경의 축자영감을 부인하는 많은 사람들이 하나님의 계시가 명제로 주어졌다고 가정하는 교리적 원리들에 기초해 그들의 설교 사역을 감당하고 있다. 그들의 설교 형태는 그들이 계시 양태에 관해 명시적으로 주장하는 바를 암암리에 부정하고 있다. [9]

이러한 지적의 함의를 주목할 필요가 있다. 만약 여러분이 성경문자주의자라면, 아마도 설교의 환기 작용에 대해 그다지 관심을 갖지 않을 것이다. 여러분은 단순히 하나님이 말씀하셨다고 여러분이 믿고 있는 바를 반복해서 설교할 것이다. 그것이 설교의 목적이 될 것이다. 신비는 더 이상 존재하지 않는다. 절대지식에 의해 삼켜졌기 때문이다. 이 모든 주장들은 일관성을 갖고 있다.

하지만 다른 견해로 눈을 돌려 보자. 그래디 데이비스는 "우리가 설교하는 진리는 추상적인 진리가 아니라 한 인격"이라고 주장했다.[10] 우리가 이러한 견해를 따를 경우 우리의 언어 사용은 이러한 생각의 결과들을 만족시키기 위해 유비나 심지어는 은유로 돌아서야 할 것이다.

혹은 여러분의 복음 설교의 결론이 "그분이 나와 더불어 걷고, 나와 더불어 이야기하시네."라는 복음성가의 후렴구를 언급한 다음, 시간이 지난 다음 그것이 일상적인 걸음을 염두에 둔 것이 아니었다는 사실을 깨닫게 되는 경우를 생각해 볼 수 있다. 동산(The garden)은 과거 거룩한 땅에 있었지만, 걸음은 오늘 여기에서 발생한 것이다. 그리고 목소리 역시 옆집 이웃에서 들려오는 것과는 사뭇 다른 것이었다. 복음성가의 가사들은 일상적인 언어 사용보다는 유비에 많이 의존하고 있다. 그 가사들은 환기시키는 언어를 사용해 특별한 주장을 하고자 하는 시도들이다(여기에서 우리는 이 노래들의 저변에도 개인주의적 전제가 깔려 있다는 사실에 주목해야 한다). 설교의 환기 작용을 위한 첫 번째 발걸음은 그러한 언어 사용이 얼마나 일상적인지를 인식하는 것이다. 그러한 언어 사용은 특별히 예전 활동에서 두드러지게 나타난다.

나의 관찰에 따르면, 주류 개신교에서 공동성구집을 사용하는 빈도가 늘어난 지난 10년 동안, 평균적으로 볼 때 설교가 한편으로는 보다 성경적이 되었지만, 다른 한편으로는 보다 지루하게 되고 환기 기능을 많이 상실하게 되었다. 설교 후에 설교자들이 "나는 내가 청중을 이해시켰다고 생각한다."고 말한다는 사실은 이 같은 현상을 단적으로 보여준다. 왜냐하면 이러한 말은 설교가 교훈의 전달에 상당히 치중하고 있는 반면, 환기 작용에 대해서는 거의 관심을 갖지 않고 있다는 것을 드러내기 때문이다.

내가 지금 이야기하고 있는 이 같은 현상은 부분적으로 설교자가 성경 말씀에 사로잡히기 전에 성급하게 전문 주석서들을 참고하는 경향에서 기인한다. 종종 나는 그것이 공동성구집 편찬위원회의 성경구절 선정 과정과 관계된 것이 아닌지 염려하곤 한다. 그들은 송영이나 혹은 교훈적 형태의 보다 긴 설명을 선택하는 경향이 있기 때문이다.

경우가 어떻든 간에 신비의 가장자리에서 춤추는 일을 내버려두고 (참진리가 아니라) 소위 말하는 진리의 길을 따라 터벅터벅 걸어가는 일은 무척 쉬운 일이다. 이것을 근대성이 남긴 가장 부정적인 마음 상태로 볼 수 있을까? 분명 이것은 우리들 가운데 상당수가 배워 왔던 주석 방법론을 반영하고 있다. 진 터커(Gene Tucker)는 "역사비평적 연구는 우리의 관심을 본문에서 그 본문이 속한 맥락으로 옮겨 놓는다."고 지적한다. 종종 우리의 마음 상태는 '냉철한 탐구'를 향하고, 때로는 성경구절로부터 "추상된 하나의 '정확한' 의미"를 향해 움직여간다. 이런 맥락에서 터커는 우리가 "본문 읽기를 통해 창조된 세계"에 의도적으로 보다 초점을 맞추어야 한다고 주장한다.[11]

한스 프라이의 순수한 내러티브적 견해와 폴 리쾨르(Paul Ricoeur)의 수

정주의적 견해 양자를 모두 포함하여 내러티브 성경비평의 다양한 입장들은 서로간의 차이점에도 불구하고 공통적인 목적을 지향하고 있다. 그 공통적인 목적은 일반적으로 정립된 교리적 요점들로 쉽사리 옮겨 놓을 수 없는 성경 이야기의 다양한 차원들을 탐구하는 작업을 돕고자 한다는 것이다.

물론 예외가 없는 것은 아니다. 내러티브 신학과 설교를 주장하는 마크 엘링슨(Mark Ellingsen)은 전혀 다른 의제를 갖고 있다. 그는 성경 본문의 삶의 정황을 확정하는 일을 포기하는 것과 관련해서 그 이유를 역사비평이 결코 완전한 확신에 도달할 수 없다는 사실에서 발견한다. "역사적 연구의 결과들은 다만 잠정적일 뿐 언제나 수정 가능성에 열려 있다. (중략) 하나님의 말씀이 불확실하다는 것은 기독교신학의 입장에서 볼 때 견딜 수 없는 상황이다."12)

반면 그는 '적어도 원칙적으로는' 문학비평적 분석이 '잠정성이 아니라 확실성'의 기초를 제공해 줄 수 있다고 생각한다.13) 하지만 내가 볼 때 엘링슨이 문학적 분석에 있어 인간적 관점이 가진 불확정성을 어떻게 피할 수 있다고 생각하는지는 명확하지 않다. 그는 절대적 확실성의 결여를 견딜 수 없어 하는 듯 보이지만, 나는 그것이 불가피하다고 생각한다. 불가피할 뿐 아니라 오히려 더 바람직하다고 생각한다. 월터 브루그만(Walter Brueggemann)은 질문한다. "시인 가운데 애매한 부분이 없이 명확하게, 하지만 동시에 나의 정황을 덮을 만한 매혹적인 확신 없이 시를 짓는 사람이 어디 있겠는가?"14)

1950년대 후반에 브라운은 다음과 같은 사실에 주목했다. "근대 과학자들은 우주에 대한 문자적 기술을 제공해 줄 수 있다고 주장하지 않는다." 사실 "그들은 가장 정확한 관찰과 측정조차도 기껏해야 근사치에 불과하다고 이야기한다." 그렇다면 시인들이 "그들이 의도하는 바를 정확하게 말로 표현할 수 없기 때문에, 그들이 말로 표현한 것은 결코 그들의 뜻을 정확하게 반영하지 않는다."는 사실을 인정한다고 해서 그렇게 놀랄 일은 없을 것이다.[15]

> 만약 복음이 명제들의 집합이라면, 강단 안팎에서 변증가들의 언어는 산문의 숙련에 의존하게 될 것이다. 하지만 만약 복음의 핵심이 한 인격이라면, 기독교의 언어는 무엇보다도 시적인 언어에 의존해야 할 것이다.[16]

그렇다면 이것은 환기 작용에 대한 우리의 설교학적 관심이 추론적인 사고 없이도 설교할 수 있다는 사실을 암시한다는 것을 의미하는가? 여기에서 우리는 샐리 맥페이그(Sallie McFague)로부터 도움을 얻을 수 있다. 그녀의 주장에 따르면, "교리는 은유들의 침전물"이자 "이미지들에 대한 합의된 이해"이다.[17] 따라서 그러한 교리는 '더 오래된' 언어를 표상하며, 최초의 은유적 출발점으로부터 상당히 멀리 떨어져 있다.

이러한 맥락에서 우리는 그처럼 교리적으로 형성된 생각들이 형식상 설교학적으로 환기 기능이 더 떨어진다는 주장에 선뜻 동의할 수 있다. 반면 유비, 은유적 표현, 간결한 비유 등은 우리가 지금 다루고 있는 환기 작용과 관련해서 상당한 잠재성을 가지고 있다.

하지만 우리가 교리도 없고 입장도 없는 일종의 심연 속으로 뛰어들기 전에 브라운이 말하는 내용을 다시 한 번 들어볼 필요가 있다. 그는 다음과 같은 확신으로 우리를 놀라게 한다. "믿음은 설교에서나 혹은 의미 있는 대화에서 교리적 뿌리를 갖고 있다. 만약 그렇지 않다면 아무런 뿌리도 갖고 있지 않다."[18]

은유적 표현이 만약 추론적 사고를 동반하지 않는다면 결코 자극이 되지 못한다는 사실을 우리는 유념해야 한다. 만약 우리가 은유를 서로 상반되게 보이는 두 감각적(그 중에 하나는 알려져 있고 다른 하나는 알려져 있지 않은) 실재들을 결합함으로써 의미를 만들어 내는 비유적 표현으로 정의한다면, '알려진 것' 없이는 은유적 표현이 성립되지 않는다.

맥페이그의 말을 인용하면, "시인들이 하는 일은 우리의 문자적 표현들, 즉 죽은 은유들을 가지고서 그것들을 새로운 방식으로 결합함으로써 새로운 통찰을 표현할 수 있게 만드는 것이다."[19] 그녀는 또한 "일상적인 것들을 비일상적인 방식으로 결합할 때" 새로운 통찰이 찾아온다고 말한다.[20] 가브리엘 리코(Gabrielle Rico)가 은유를 뇌의 "2개 국어 사용자"라고 명명한 것은 이러한 맥락에서 충분히 이해될 수 있다.

그렇다면 은유적 사고는 (여기에서 은유를 사용하면) 일종의 **주변부 시각**(peripheral vision)이라고 말할 수 있지 않을까? 때때로 사물을 관찰하는 최선의 방법은 여러분의 눈 가장자리로 흘끗 보는 것이다. 때때로 이 방법이 유일한 방법일 때도 있다(분명 모세는 이것을 이해했을 것이다. 여호와께서 모세 앞을 완전히 지나가실 때까지 여호와께서 모세의 얼굴을 덮으셨다는 이야기를 여러분은 기억하고 있을 것이다. 이때 모세가 볼 수 있었던 것은 기껏해야 눈 가장자리로 흘겨보는 것뿐이었다). 브루그만은 성례전 설교의 맥락에서 설교자들이 "직접적이고 직설적인 표현"을 삼가야 한다고 강조한다.[21] 이것은 적절한 지적이다.

왜 우리가 이런 문제들에 신경을 써야 하는 것일까? 왜냐하면 오늘날 특별히 포스트모던 사상의 맥락에서 떠오르는 보다 큰 문제는 설교의 내용에 관한 것이기 때문이다. 때문에 언어 양식들과 그 양식들의 상호 의존성의 문제가 이 시간 우리에게 핵심적인 이슈가 된다.

브라운이 자신의 당대 사역자들이 받아들일 수 없는 두 가지 입장 사이에서 어떻게 갈라져 있는지 묘사하고 있는 내용은 놀라울 정도로 오늘날의 논의에 그대로 적용된다. "따라서 말씀의 사역자는 한편으로는 구습을 좇는 합리주의자들과 다른 한편으로는 비합리주의자들 혹은 잠재적인 비합리주의자들을 대하고 있다." 설교자는 "자신이 추론적 사고 외에 다른 정신적 활동들의 실재를 부인하고 있다는 인상을 합리주의자들에게 심어 주지 않으면서 동시에 이성의 타당성을 변호해야 한다."는 강박관념에 사로잡혀 있다. 이것은 진리의 절반에 불과하다. 그 다른 절반의 진리는 설교자들이 "추론적 사고가 시대에 뒤쳐졌다는 비합리주의자들의 생각"과 타협하지 않으려고 애쓴다는 것이다.[22]

이것을 오늘날 설교에 관한 우리의 관심에 맞추어 새롭게 표현하면, 한편으로는 불변하고 '직시하는' 추론적 진리에 대한 근대성의 집착에 사로잡히지 않으면서, 다른 한편으로는 회의적 포스트모더니스트들의 게토화된 사고 방식에 굴복하지 않으려는 시도를 의미한다.

진리를 직시하는 문제

모든 목사는 주일 오후에 오전에 전한 메시지를 떠올리며 행복을 느끼는 것이 어떤 것인지 알고 있다. 일단 '말씀이 선포되었고' 청중이 어떤 방식으로든 그것을 이해했기 때문이다. 설교자는 명료성을 더하기 위해 보충되었을 뿐이다. 이렇듯 즐거운 회상의 순간에, 목사는 불과 몇 주 전에 행한 자신의 설교를 기억한다. 그리고 그날의 '메시지'가 오늘 설교한 말씀과 정반대였다는 사실을 떠올린다. 하지만 설교자는 이미 청중이 그 내용을 잊어버릴 만큼 충분한 시간이 지났을 거라고 희망하며 이내 안도한다(설교자는 걱정할 필요가 없다). 내가 알고 있는 목사들 중에는 자신의 이전 설교노트들을 들추어 내어 얼마나 많은 모순들을 안고 있는지 분석해 보는 설교자들도 있다. 나도 그런 적이 있다.

하지만 그때마다 본문이 다르고 청중의 삶이 처한 순간이 달랐다. 이 진리가 오늘에 적절하듯이, 당시에 말한 내용은 그 당시 상황에 적절하게 맞아떨어지는 것이었다. 자신의 교구 안에 둘 이상의 공동체를 섬기는 목사는 예배시간 사이에 이동하는 자동차 안에서 설교 메시지가 때때로 바뀌는 것을 경험한다. 왜냐하면 두 공동체의 상황이 너무 달라서 비록 동일한 본문에 기초하긴 했지만 '주님의 말씀'이 다를 수밖에 없기 때문이다.

추론적 언어를 통해 전달되는 명제적 진리는 실제보다 더 영속적으로 참되다는 인상을 준다. 이때 신비는 그 위엄을 잃어버리고 설교자는 춤을 출 가장자리를 잃어버린다. 브루그만이 지적하는 바에 따르면, "시의 언어는 묘사를 통해 속화되어서는 안 되는 것들을 덮어 준다."[23]

언젠가 나는 명제적 진리란 한때 생생한 경험의 송장(corpse)이라고 주장한 적이 있다. 비록 수련 중인 내과의사들이 우리의 건강을 위해 시신을 활용하는 것은 정말 중요하다는 점을 내가 덧붙여서 말하긴 했지만, 몇몇 사람들은 나의 경고를 들을 수 없었다. 우리가 가장 최고의 반성적 사고를 도외시하지 않으면서 사물을 명명하는 방법에 대해 의심을 가지는 데에는 얼마간 정당한 이유가 있다. 우리의 언어 역시 우리가 진리를 바라보는 특정한 경향에 참여한다. 어디에선가 벤자민 휠프(Benjamin Whorf)는 이렇게 말한 적이 있다. 우리는 우리가 **말할 수** 있는 것이 우리가 **볼 수** 있는 것에 의존해 있다고 생각한다. 하지만 실제로는 우리가 **볼 수** 있는 것이 우리가 **말할 수** 있는 것에 의존한다.

이 점과 관련해서 나에게 가장 유용한 도움을 주는 저술가는 로버트 로스(Robert Roth)이다. 그는 '최초 이야기들의 생동감'에 관심을 갖고서 종교 공동체의 삶에서 나타나는 자연스러운 흐름을 지적한다. "처음에 오는 것은 종교적 직관이다. 이어서 그것의 감성적 표현과 윤리적 모방이 따라온다. 그리고 마지막으로 설명과 변증으로서 철학적 합리화가 이어진다." 하지만 그의 결론은 다음과 같다. "내가 하고 싶은 말은 이야기 자체가 실

재라는 것이다." [24]

직관이 바로 이 같은 실재, 곧 이야기에 의해 생겨난 실재이다. 추측컨 대 그가 다른 나머지 세 단계들이 틀렸다고 생각하지는 않았을 것이다. 교회 전통의 계속된 역사가 남긴 지혜에 따르면, 네 가지 단계 모두 상호 의존적인 관계에 있으며, 또한 모두 '진리'의 표를 갖고 있다. 네 가지 모두 실제적이다. 분명 실제의 양태는 서로 다르다. 그 각각이 참된 방식은 초점과 관찰 가능성을 달리한다. 하지만 각기 다른 단계들에서 네 가지 모두 실제적이다. 하지만 동시에 우리는 로스가 핵심이라고 강조한 부분을 이해하고 그 부분에 대한 그의 집중에 뜻을 같이한다.

그럼에도 불구하고 만약 직관이 당대 최고의 논리가 제기하는 가장 어려운 질문들과 관련한 시험을 통과하지 못한다면, 그리고 가장 적절한 추론적 정의를 동반하지 않는다면 그 직관은 어리석은 것으로 드러나 거부되거나 혹은 단순히 공동체의 기억 속에서 사라지게 될 것이다. 직관으로부터 감성적, 윤리적 단계를 거쳐 합리적인 설명에 이르렀다가 다시 거꾸로 되돌아가는 반복적인 운동이 있어야 한다. 이것이 바로 공동체가 직관을 검증하는 방식이요, 철학적 합리성을 시험하는 방식이다.

하지만 종종 스콜라적 정신은 이전 세대의 가장 창조적인 신학적 구성물을 (그것은 종종 취약성의 불에서 만들어진 것인데) 취한 다음, 그 진리를 구체화시키고 그것을 성물처럼 치켜세운다. 이로써 모든 논의는 종식된다.

예를 들면 바울은 십자가에 달려 돌아가신 예수님의 죽음의 의미를 해명하기 위해 두 절 안에 네 가지 이미지를 사용한다. 이러한 은유적 이미지들은 점차 교리가 되고, 다음에는 교리적 순수성을 검증하는 리트머스 종이 역할을 감당하게 된다. 예를 들어 만약 여러분이 대속적 구속 이론을 받아들이지 않는다면, 어떤 성경학자들 모임에서는 여러분이 가진 학문적 역량을 발휘할 기회를 얻지 못할 것이다. 이 모든 것들이 은유에서 출발했다.

오늘날 교회는 하나님 언어에 관해 논쟁하고 있다. 우리는 이 과정을 직접 목도할 수 있다. 이미 수세기 동안 우리는 이 과정을 지나왔다. 동일한 이슈는 아닐지 모르지만 동일한 과정이다. 대체로 이 과정은 적어도 두 가지 결론적인 정죄로 마무리된다. 이단 그리고/혹은 우상숭배가 바로 그것이다. 진리는 (말하자면) 거짓 증거, 부적절한 표현, 불균형적인 강조의 위험이 항상 가까이 도사리고 있다는 것이다. 브라운이 지적하듯이, "실증적으로 사고할 때 우리는 말씀의 참된 교리적 입장에 서 있는 사역자가 항상 오류의 가장자리에 서 있다는 사실을 발견하게 된다." [25]

특별히 '표현할 수 없는' 신비를 다룰 때 교회는 **잠정성의 달변**으로 부름 받는다. 다시 말해 진리를 선포하긴 하되, 진리는 말로 표현할 수 없다는 것을 알고 있다. 엠마오로 가는 도상에 있던 제자들은 그것을 깨달을 수 있었다. 그들이 낯선 사람에게 진리에 관해서 가르친 후에, 빵을 떼는 가운데 실질적인 진리가 계시되었다. 하지만 그들이 그 진리에 손을 대려는 순간 그 진리는 사라져 버렸다. 그들은 단지 눈 가장자리로 흘겨볼 수 있을 뿐이었다. 그럼에도 불구하고 그 진리의 힘이 그를 사로잡았다.

신학적인 문제들에 있어서 우리가 눈동자와 눈동자를 마주치듯 진리를 직시하는 것은 불가능한 일이다. 환기는 결코 그런 방식으로 일어나지 않는다.

그렇다면 진리란 무엇인가?

빌라도가 이 질문을 마지막으로 던진 사람은 아니다. 우리는 지난 수십 년에 걸쳐 그가 던진 이 질문은 새로운 방식으로 다시 던지고 있는 것 같다. 아니 다른 사람들이 수십년간 이 질문을 던져 왔는데 이제야 우리가 그 질문을 자각하기 시작했다고 보는 것이 더 정확한 표현일지도 모르겠다. 여하튼 이 모든 사실은 우리 세대의 많은 사람에게 큰 충격으로 다가온다.

우리들 중에는 놀라울 정도로 우리 자신의 근대성에 관해 무지한 사람들이 많이 있다. 근대성은 너무 쉽게 우리를 찾아온다. 간단히 말해서 우리는 인간성에 대한 우리의 의식에 적합한 방식으로 인류의 합리성을 상상해 왔으며, 또한 우리가 알고 있는 세계와 양립 가능한 방식으로 인간 경험의 보편성을 머릿속에 그려 왔다. 사실이 그렇다. 하지만 우리가 보지 못하는 사이에 몇 가지 일들이 더 일어났다.

주류 개신교 교단의 설교자로 준비되어 가는 중에 나는 신학교에서 근대 역사비평 방법론들을 활용하는 법을 배웠다. 당시 나는 **포스트모던**이니 **사회적 위치**니 **통약 불가능성**(incommensurability)이니 하는 용어들을 들어보지 못했다. 다만 나는 고등비평의 적절한 질문들을 던지는 법을 배웠다. 그리고 「복음서 비교연구」(*Gospel Parallels*)의 복사본이 항상 내 곁에 있었다. 공관복음서의 본문을 다룰 경우에는 언제든지 마태복음이 아니라 마가복음으로부터 시작해서 공관복음서의 형성 과정에 대한 질문을 새롭게 다루었으며, 제자들의 실수에 관해 누가가 얼마나 다르게 이해했는지 주목했다(그들은 항상 진리로부터 '차단된' 것처럼 보였다). 서로 다른 배경, 다른 목적, 다른 말하기 방식 등 이 모든 것이 특정구절이 '말하고자 하는' 내용, 즉 소위 '정확한 메시지'를 확정하기 전에 반드시 고려해야 할 요소였다. 때때로 나는 본문에 관해서 많은 것을 배웠다.

하지만 이상하게도 내가 한 성경구절에 관한 과제를 더 길게 준비하면 할수록, 설교로부터 점점 더 멀어지고 있는 나 자신을 발견할 때가 한두 번이 아니었다. 사실 지난 수년간 나는 오래 전부터 주석 작업에 너무 많은 에너지를 쏟지 않기로 작정한 설교자들을 적지 않게 만날 수 있었다. 주석 작업은 그저 설교의 문을 닫아 버리는 것처럼 보였기 때문이다.

성경 전문가들의 도움을 받아 돌이켜 생각해 보면, 우리는 항상 사물을 떼어 놓는 데 집중하고 있었던 것 같다. 우리는 설교를 위한 핵심적인 진리, 메시지 혹은 요점을 본문 안에서 찾는 것이 아니라, 본문 아래에서 혹은 본문 뒤편에서 찾으려고 했다. 말하자면 성경 본문은 해부의 대상으로서 객관적인 사물이 되었다. 우리는 마치 그것을 **관통하여** 보다 근본적이고 보편적인 어떤 진리를 찾고자 했다.

성경연구 작업은 여기에서 묘사하고 있는 것보다 훨씬 더 복잡하다. 하지만 이 같은 묘사는 특히 주일 설교를 준비하는 과정이 잘 진행되지 않을 때 흔히 발견되는 경향을 잘 보여준다. 때문에 나는 성경에 대한 내러티브비평을 접하면서 해방감을 느꼈다. 내러티브 성경비평은 관심의 초점을 본문 자체에 두고자 한다. 이러한 접근 방식은 본문을 쪼개고 해부하기보다는 본문의 통일성에 더 큰 관심을 기울인다. 적어도 나에게 있어 이 같은 성경 접근 방식은 대부분의 경우 사용자, 곧 설교자에게 우호적인 방법이다.

물론 내러티브 비평에 위험 요소가 전혀 없다는 뜻은 아니다. 내러티브 성경비평을 활용하는 설교자들은 다른 설교자들과 마찬가지로 또한 그들처럼 성급하게 자신의 선입견을 주입하는 길을 걸을 수 있다. 아니 어쩌면 더 심각할 수도 있다. 만약 설교자가 본문의 의미에 대해서 그것이 실제로 설교자 자신을 가리키거나 설교자에게 자명한 것으로 생각한다면 그러할 것이다.

뿐만 아니라 내가 볼 때에는 터커가 기술하듯이 "본문 읽기를 통해 만들어진 세계"[26]는 단순히 "수동적으로 특권을 부여받기"보다는 더 많은 주의를 필요로 한다. 예를 들어 개리 콤스탁(Gary Comstock)의 주장에 따르면, 한스 프라이와 폴 리쾨르는 "많은 점에서 의견이 일치한다." 하지만 성경의 특정한 내러티브가 참된지 여부에 관한 논의에 있어서는 그들이

의견을 달리한다. 두 사람 모두 그러한 내러티브들이 본질적이라고 생각
하지만, "이러한 믿음이 참되다는 것을 증명하기 위해 노력할 수 있다거
나 혹은 노력해야 한다고 생각하는 사람은 오직 리꾀르뿐이다."27)

마크 앨런 파월(Mark Allan Powell)의 책「내러티브 비평이란 무엇인가?」
(*What is Narrative Criticism?*)는 내가 볼 때 설교자들에게 특히나 유용한 작품
이다. 이 책은 부드럽고 설득력 있게 독자들을 실질적으로 중요한 질문들
로 인도한다. 예를 들어 저자는 내러티브 전문가로서 문학비평과 역사비
평의 관계에 관한 질문을 다룬다. 그는 창문과 거울이라는 비유를 사용하
여 다음과 같이 말한다.

> 문학비평가들은 역사적 탐구의 적법성에 관해 질문하지 않는다. 이것
> 은 그들이 순진하게 그들이 읽고 있는 내용 전부를 분명한 역사적인 사
> 실로 받아들인다거나, 혹은 성경을 역사적 실재에 근거하지 못한 꾸며
> 낸 이야기들의 묶음으로 간주하고 있다는 것을 의미하지 않는다. 오히
> 려 이들 비평가들은 본문이 문학작품으로서 가진 특성에 집중하기 위
> 해 역사성에 관한 질문을 괄호 안에 묶을 뿐이다. 그들은 성경 이야기
> 들이 지시적 기능 역시 수행하고 있다는 사실을 부정하지도 않으며,
> 아울러 이러한 관점에서 그 이야기들을 연구하는 것이 가치 있다는 사
> 실도 부정하지 않는다.28)

데이비드 바틀렛(David L. Bartlett)은 극단적 형태의 내러티브 비평이 가진
위험을 예방하기 위한 방편을 주장한다. 그는 설교자들에게 "우리가 본문
배후에 있는 역사에 주목하지 않는다면 문학작품으로서의 본문에 충실할
수 없다."고 이야기한다. 뿐만 아니라 "만약 우리가 본문을 단순히 우리의
신학적 직관을 위한 로르샤흐 얼룩(Rorschach blot; 역자 주-잉크 얼룩 같은 도형

을 해석시켜 사람의 성격을 판단하는 것을 말함)으로 사용한다면, 그것은 물론 다른 문제이다. 하지만 이것은 문학비평이나 내러티브 설교를 주장하는 대부분의 사람들이 내세우는 입장이 아니다."[29]

진리 자체에 관한 물음은 성경연구의 형식들에 관한 이슈를 넘어서 있다. 극단적인 혹은 회의적인 다양성을 주장하는 몇몇 포스트모던 사상가들의 주장에 따르면, 진리 주장을 할 수 있는 권리를 가진 사람은 아무도 없다. 사실상 보편적 진리란 존재하지 않는다고 그들은 주장한다.(바로 이런 주장이 그 같은 보편적 진리에 해당한다고 볼 수 있을까?) 윌리엄 플래처(William C. Placher)는 자신의 책 「비변증적 신학」(Unapologetic Theology)에서 "급진적인 해결책을 제시한" 한스 프라이의 탁월한 견해를 소개한다. 성경 내러티브들의 진실성에 관한 질문과 관련해서 (그것이 역사성에 관한 질문이든 아니면 일반적인 윤리적 교훈에 관한 질문이든 간에) 그는 프라이의 견해를 다음과 같이 요약한다.

> 우리가 근대 세계와 더불어 시작하지 않는다고 가정해 보자. 우리가 성경의 세계와 더불어 시작한다고 가정해 보자. 이 내러티브들이 실재하는 것을 규정하도록 해 보자. 그래서 우리가 그 틀에 **우리**의 삶을 맞추는 만큼 우리의 삶이 의미를 갖도록 해 보자. (중략) 만약 우리가 그렇게 한다면, 성경 내러티브들의 진리는 그것이 어떤 다른 **실제** 세계와의 연관성에 의존하지 않게 된다. 왜냐하면 그 내러티브들이 실제 세계를 기술하기 때문이다.[30]

어떤 사람들은 이 같은 주장에 만족하지 못한다. 이 문제와 관련한 초창기의 논의에서 다른 입장을 대변하는 대표적인 인물로 여겨졌던 폴 리꾀르는 자신의 다른 관심사들을 언급한다. 리꾀르에 따르면, "종교적인 발언은 사태에 관하여 공적으로 이해 가능한 주장을 펼친다. 그것은 (실제로 무엇인가를) 지시한다."[31] 결과적으로 청중이나 독자는 제기된 주장에 대해서 "예."라고 대답할 것인지, 아니면 "아니오."라고 대답할 것인지 결정해야 한다. 리꾀르는 사람들이 어떤 근거로 그러한 결정을 내리는지 알고 싶어한다.

스탠리 하우어워즈(Stanley Hauerwas)는 종교적 내러티브들의 진리 주장을 평가하는 전혀 다른 기준을 제시한다. 그는 내러티브들이 야기하는 결과들에 주목한다. 그의 말에 의하면, "과학 이론은 부분적으로 그것이 야기하는 활동의 결실에 의해서 평가받는다. 마찬가지로 내러티브 역시 그것이 야기하는 도덕적 인격과 행위의 풍부함에 의해서 평가받을 수 있고 또한 평가받아야 한다."[32] 혹은 그가 공동저자인 데이비드 뷰렐(David Burrell)과 함께 지적하고 있듯이, "각각의 이야기에 대한 평가는 그것이 형성하는 사람의 유형에 의해서 이루어진다."[33]

하지만 플래처는 이 같은 설명에 만족하지 못한다. "우리는 무엇인가를 행한다. 왜냐하면 하나님께서 먼저 무엇인가를 행하시기 때문이다. 따라서 하나님께서 행한 일에 대해 우리가 하는 이야기를 참되게 만드는 것은 우리들의 미덕이나 우리 공동체의 실천이 아니다."[34]

이러한 맥락에서 어떤 저자가 말하고자 하는 내용이 정확히 무엇을 의미하는지 알아내는 작업은 때때로 매우 어렵다. 오늘과 같은 전환기에 우리는 많은 경우 성급하게 뛰어들기보다는 한동안 기다려야 한다. 예를 들어 토마스 트뢰거는 시학(poetics)과 설교학(homiletics)의 관계에 대한 자신의 견해를 이야기한다. 그는 **시학**이라는 용어를 "역사적으로 조건지어진 가공의 세계 구성으로부터 비롯되는 우리의 실재 이해의 특징"이라는 의미에서 사용한다.[35]

아마도 많은 사람들은 그가 이 같은 진술을 통해 의도하는 방향이 무엇인지 알고 싶어할 것이다. 그의 초점이 **상상력**에 있는 것인가? 말하자면 자신의 역사적 우연성을 인정함으로써 교리적이기보다는 온건한 입장을 견지하고자 하는 것인가? 아니면 그의 초점이 **구성**에 있는 것인가? 즉, 시학은 전적으로 자기–지시적일 뿐이라고 주장하고 싶은 것인가? 두 가지 입장은 서로 다른 세계를 만들어 낸다. 교회가 "보편적인 교리적 확신의 절대주의에 빠지지 않으면서도 인류를 위한 구원의 비전을 선포하는 방법을 발견해야"[36] 한다는 그의 신념에 관해서는 분명 의견 일치가 쉽게 이루어질 것이다. 다만 우리는 그 같은 결론의 배후에 무엇이 자리하고 있는지 알 필요가 있다. 간단히 말해서 우리가 어떤 길을 걸어서 이 같은 목적지에 도달하길 그가 희망하고 있는지 알아야 한다는 말이다.

저술가들이 종종 동일한 사태에 대해 말하고 있는 것처럼 보일 수 있지만, 사실 신비주의적 시인과 회의적인 포스트모더니스트 사이에는 엄청난 간극이 존재한다. 때때로 그것은 냉소주의와 겸손의 차이에 해당한다. 내 생각으로는 찬송 작가 트뢰거가 선택한 초점은 상상력의 겸손에 있다.

"진리란 무엇인가?"라는 질문에 대한 가능한 대답을 찾는 일과 관련해서 플래처가 가진 최소한의 기준은 "양편에서 오는 두 가지 도전" 사이에서 중간 지대를 발견하는 것이다. 그의 이어지는 주장은 다음과 같다.

> 한편에서는 계몽주의가 옳았으며, 따라서 우리는 합리적 대화를 위한
> 보편적으로 수용 가능한 공통의 토대를 발견해야 한다고 주장한다. 반
> 면 다른 편에서는 우리는 그러한 공통의 토대를 발견할 수 없으며, 결
> 과적으로 서로 다른 전통에 속한 사람들은 서로 의사소통할 수 없다고
> 주장한다.[37]

플래처의 이 같은 문제 의식은 1958년 브라운이 가졌던 문제 의식과 놀

라울 정도로 유사하다. 당시 브라운은 합리주의자들과 비합리주의자들이 제기하는 두 가지 수용 불가능한 입장의 양극단에 대해 이야기했다. 아울러 우리는 설교와 시(詩)가 가진 비슷한 점에 대한 브라운의 반복적인 언급과, "종교적 본문들의 진리 주장은 역사가나 과학자들의 진리 주장보다는 오히려 시인들의 진리 주장에 더 가깝다."[38]는 리쬐르의 결론 사이에 주목할 만한 공통점이 있음을 지적할 수 있다.

플래처에게 있어서 (그리고 이 책에 있어서 역시) '최소한의 기준'은 "내가 이러한 이야기들의 방식을 나의 삶과 세상을 위한 방식으로 간주하는 한, 나는 이 이야기에서 묘사되고 있는 하나님이 이야기 속에 등장하는 사람들의 유용한 구성이나 투사의 결과가 아니라고 믿고 있다."는 사실이다. 뿐만 아니라 플래처가 이야기하듯이, "특히 이 이야기들이 나에게 제공하는 방식이 매우 설득력이 있다면, 나는 그 이야기들이 하나님에 관해서 내놓는 주장들을 (그것이 아무리 신비롭다 할지라도) 받아들일 것이다."[39]

결과적으로 이러한 견해는 기독교의 비전이 그 최종적 형태에 있어 아무리 부족하고 개괄적이라 하더라도 "전반적인 그림에 있어 근본적으로 옳은 무언가를 붙잡고" 있으며 '언젠가' 이것이 확증되는 날이 올 것이라는 믿음을 수반한다. 플래처가 어떤 양태를 지각하는 그 같은 순간에 대해 우리가 '흘겨볼' 때라고 묘사한 것은 흥미롭다.[40]

앞서 우리가 설교의 신학에 대한 크래독의 견해를 살펴볼 때에, 우리는 그가 다음과 같이 말하는 것을 들을 수 있었다. "설교의 신학은 기껏해야 세상 안에서 하나님의 말씀의 길을 분별하고 설교의 양식이나 내용을 거기에 맞추려는 시도에 지나지 않는다."[41] 지금 우리의 논의와 관련하여 '맞추다'라는 단어가 얼마나 정확한지 주목하라.

요컨대 크래독은 설교자가 설교를 하나님의 말씀의 방법에 **맞추기**를 원하고, 플래처는 우리에게 하나님의 **방식**을 지각하라고 충고하고, 브라운은 우리가 말로 표현할 수 없는 것을 향하여 **몸짓하기**를 희망하고, 버트릭은 우리를 신비의 가장자리에서 **춤추도록** 초대하고, 마지막으로 나는 선포를 **환기시키기** 위해 우리가 우리의 최선을 다해야 한다고 믿는다. 이 모든 관점들은 공통적으로 감지되는 결과를 가리키고 있다. 적어도 나에게는 그렇게 보인다. 우리가 우리의 설교에서 최선의 노력을 기울인다면, 그것은 마치 우리가 사태의 핵심이 정말 가까이 다가가서 그것을 향해 팔을 뻗어 손을 대는 것처럼 보일 수 있다. 즉, 마치 우리가 신비의 가장자리에서 춤을 추고 있는 것처럼 여겨질 수 있다. 물론 만약 우리가 거기에 손을 댈 수 있고 또 실제로 손을 댄다면, 그것은 분명 우리가 희망해 온 계시의 순간은 **아닐** 것이다. 하지만 때때로 우리는 그 계시의 순간이 정말 가까이 다가왔다고 느낄 수 있다. 그러한 근접성을 생각할 때 우리는 감히 **잠정성의 달변**(eloquence of the provisional)을 향해 움직여 나갈 수 있다. 그것은 우리가 원하는 것보다는 더 작은 것일지 모르지만, 우리가 정당하게 기대할 수 있는 것보다 더 큰 것임에 틀림없다.

최근에 나는 피닉스(Phoenix)에서 사역하는 절친한 친구 주드 수어즈(Jud Souers) 목사를 방문한 일이 있다. 설교 사건에 관해 대화를 나누던 중 그 친구가 나에게 이렇게 말했다. "나는 나 자신을 무대 뒤에서 커튼을 걷어 올리는 무대담당 일꾼이라고 생각한다. 때때로 (아마도) 내가 그것을 충분히 열어 놓을 수만 있다면 몇몇 사람들은 하나님의 공연을 흘겨볼 수 있을 것이다."

지금까지 우리가 논의한 내용과 얼마나 흡사한지! 우리가 커튼을 걷어 올리는 일에 있어 좀 더 숙련된 일꾼이 될 수만 있다면 얼마나 좋을까?

무대담당에서 산파로

설교자를 무대담당 일꾼에 비유하는 수어즈의 은유가 가진 힘은 그것이 근접성의 재능, 무대 위의 삶에 관한 신실한 확신, 공동체적 현존 등을 환기시키는 능력에서 발견된다.

설교자는 무언가를 발명하거나 어떤 것을 소개하는 사람이 아니다. 또한 설교자는 본문 앞에 있는 세계를 촉진시키는 사람도 아니다. 설교자는 기독교 공동체가 신앙으로 고백하듯 하나님께서 세상에서 행하고 계신 일들을 흘끗 보는 일을 돕는 사람이다. 이것이 바로 플래처가 방식의 지각이라는 말로 의도한 뜻이 아닐까? 데이비스가 설교를 설명하기 위해 어떤 기계적인 비유를 사용하지 않고 나무라는 유기체적 은유를 사용한 것은 전혀 놀랄 만한 일이 아니다.

데이비스가 말하듯 "어떻게든지 태어난"[42] 설교의 핵심 아이디어는 "그 안에 팽창하는 힘을 갖고 있어야 한다."[43] 그는 이것을 "발생적 아이디어"라고 부른다.[44] 다시 한 번 우리는 깊이 간직되어 있는 전제를 주목한다. 마치 나무처럼 생명은 계속해서 이어진다. 설교는 그 생명에 이름을 붙이고 그것을 다시 불러온다. 이 모든 것은 기도의 인내와 더불어 간접성이 종종 설교 준비 과정에 있어 핵심 요소임을 이야기한다.

테일러는 자신이 기다리는 방식에 대해 다음과 같이 이야기한다.

> 이 시간은 설교를 임신한 기간이다. 이 기간을 성급하게 재촉할 수는 없다. 그것은 성령님의 운행을 잠잠히, 그리고 간절히 기다리는 시간이다. 설교는 그 밝은 새(성령님)가 알을 어떻게 품느냐에 달려 있다. 반복해서 나는 나의 노트와 개요의 보금자리를 검토하고 생명의 어떤 표시가 있는지 확인한다. 나는 다시 한 번 본문을 훑어보고, 거기에서 돌

연 알을 하나 발견한다. 얼마 전까지만 해도 아무것도 없었던 곳에서 말이다. 설교가 태어난 것이다.[45)]

미(美)의 인식론을 연구하는 엘리세오 비바스(Eliseo Vivas)는 "시인은 산파이며 언어의 집게를 사용한다."고 말한다.[46)] 산파의 이미지는 요점을 찾기에 분주한 우리들에게 특별히 유용한 교정제로 작용한다. 말하자면 생명이 태어나고 있고, 효과적인 설교자는 산파처럼 출산 과정을 방해하지 않기 위해서는 언제 잠잠히 있어야 하는지, 그리고 출산을 방해하는 장애물을 제거하기 위해서는 언제 열심히 수고해야 하는지 알고 있다.

비바스는 말한다. "예술가는 자신이 의식적으로는 제한적으로밖에 통제할 수 없는 힘에 이끌리며, 모든 일이 마치기 전까지는 자신이 무엇을 말하고자 하는지 분명히 알지도 못한다." 그 후에야 예술가는 창작의 "의도"를 "발견할 수 있다."[47)]

IV

구성 - 전략

● 플롯

The Sermon : Dancing the Edge of Mystery

구성 – 전략 Ⅳ

그렇다면 이제 우리는 지금까지 이야기된 설교 개념과 일관성이 있는 혹은 양립 가능한 설교 구성을 어떻게 규정할 수 있을까? 이 질문에 대한 대답은 설교 형태의 어떤 요소가 우리가 의도하는 환기에 핵심적인가에 달려 있다. 넓게 말해서–그리고 이론적으로 기술하는 형식들의 다양성을 고려할 때–**움직임**(movement)이 핵심이다. 우리는 이미 오늘날 선택 가능한 설교의 다양한 형태들을 살펴보는 가운데 이 문제를 간략하게 다룬 바 있다. 여기에서 우리는 이 문제를 좀 더 깊이 파고들 필요가 있다.

우리가 설교 구성과 관련해서 어떤 가르침을 받았든지 간에 우리는 모두 언제 우리에게 움직임이 발생하는지 알고 있다. 주일 설교를 준비하는 중에 우리는 종종 우리가 하고 있던 작업의 운전석에서 밀려나 조수석에 앉는 경험을 할 때가 있다. 심장박동은 우리에게 그것이 무엇인지 분명한 언어로 말해 준다. 이것은 분명 설교의 아이디어가 팽창하는 힘, 곧 자체의 생명을 갖고 있다고 주장한 그래디 데이비스의 견해와 관련이 있다. 우리는 거기에 휩쓸려 간다.

내가 종종 관찰한 바에 의하면, 어떤 사람들이 이야기하듯 '날아가는' 것처럼 보이는 설교들과 우리 모두가 자주 경험하고 있는 '충돌하는' 설교들은 준비 과정에서 발견되는 혹은 미리 생각해 둔 단일한 요소를 어떤 방식으로든 뒤집어 놓는다. 설교를 준비하면서 우리는 추가적인 예화나 다른 보완적인 성경구절 등과 같이 설교에 덧붙일 것들을 계속해서 찾는다. 이렇게 하다보면 결국 주일 설교는 어려움에 봉착하고 만다. 사실 설교는 이와 관련해서 추가적인 예화나 다른 본문을 필요로 하지 않을 수도 있다. 아마도 설교에 필요한 것이 있다면 그것은 안에서부터 팽창하는 힘 같은 것이다. 하지만 우리는 그 필요가 무엇인지 정확하게 규정하지 않고서 다만 다른 조각들을 덧붙임으로써 더 좋은 설교가 되기를 희망한다. 그렇지만 그러한 희망은 좀처럼 현실화되지 않는다.

반면 설교 준비 작업이 생략, 삭제, 가지치기 등을 수반한다면, 주일에 창고에서 우리는 좋은 것들을 발견할 수 있다. 로빈 마이어스(Robin Meyers)가 이야기하듯이, 그러한 설교는 "위로 세워지기"보다는 "밖으로 터져 나오는" 것이다.[1] 다시 말해 내부에 에너지가 현존하고 있고, 우리는 그 에너지의 활동을 방해하는 요소들을 지혜롭게 제거하는 방법을 알고 있다.

움직임이 핵심이다. 여러분은 크래독의 통찰에서 이것을 느낄 수 있을 것이다. 그가 주장하는 바에 따르면, 설교는 무엇인가 말해졌을 뿐 아니라 무엇인가 들려졌을 때 비로소 완성된다. 이와 관련해서 폴 스콧 윌슨은 다음과 같이 말한다. "우리에게는 설교를 성장하고 유기적이고 살아 있는 어떤 것, 곧 움직임과 리듬을 가진 어떤 것으로 우리가 생각하도록 돕는 어떤 것이 필요하다."[2] 그렇게 하는 것은 단순히 "설교 형식을 매만지는 것"과는 다르다.[3] 유진 보링(M. Eugene Boring)의 견해에 따르면, 질서, 배열, 패턴 등의 이슈들은 목적하는 바 "청중이 설교의 움직임을 좇아갈 수 있도록 설교의 흐름을 도와준다."[4] 이것은 탐 롱(Tom Long)이 역설하듯 "설교의 형식이 그 자체로 신학적인 문제가 되는" 한 가지 이유이다.[5] 설교의 움직임은 가장 깊은 단계에서 생명을 산출할 수 있는 모종의 생명력의 활동과 관계해야 한다.

우리가 앞서 지적했듯이 ─ 그것이 관념이든 행위든 이미지든 이야기든—설교의 움직임에 기본적인 것은 **순서**에 관한 원리이다. "문구와 관념의 순서를 바꾸어라. 그러면 여러분은 전혀 다른 메시지를 얻게 될 것이다."[6] 이것은 크래독이 한 말이다. 순서는 좀처럼 자연적이거나 단순하지 않다. 순서는 전략적이다.

우리는 모든 설교의 기본적인 **음악성**(musicality)에 대해서 이야기할 수 있을 것이다. 따지고 보면 음악은 선율과 화음과 리듬이 순차적으로 따라오는, 곧 시간 안에서 이루어지는 사건으로서의 예술 형식이다. 노래를 위로 **세우는** 사람은 아무도 없다. 노래는 구성되고 연주된다. 종종 나는 교실에서 피아노 앞으로 다가가 학생들에게 내가 좋아하는 찬송의 선율을 연주하려고 한다고 말한다. 그리고는 오른손 손가락 하나를 사용해서 다음과 같이 연주한다.

도도도도도도레레레파파파파파파파파파파솔솔솔라라라라라라라라라
라도도도

아무도 이 유명한 찬송가 곡의 이름을 말하지 못하고 있을 때, 나는 이 곡의 제목이 "나 같은 죄인 살리신"이라고 이야기한다. 물론 이때 나는 "내가 음을 **순서대로** 연주하지 않았다."는 사실을 인정한다. 하지만 적절한 순서가 없다면 이 곡은 사실상 그 유명한 곡이 **아니다**. '결정적인 한 마디'로 시작하는 농담은 농담이 아니다. 방주를 짓는 노아 이야기를 완성된 배 이야기부터 시작한다면 그것은 방주를 짓는 노아 이야기가 아니다. 내용과 형식은 분리될 수 없다. 형식 없는 내용이라는 것은 존재하지 않는다. 우리가 엉성한 형식의 사고를 가지고 있을지는 몰라도, 무형식의 사고는 결코 가질 수 없다.

특히나 우리가 다루는 주제가 환기시키는 설교, 형언할 수 없는 신비의

가장자리에서 춤추는 설교라면, 이 같은 사실을 아무리 강조해도 지나치지 않는다. 여러 생각들을 모은 **다음에** 어떻게 그 생각들을 구성할 것인지 생각하는 것은 불가능하다. 우리는 설교라고 불리는 시간적 흐름의 **내적 에너지** 안에서 그 생각들이 잠재적으로 차지하는 위치를 알고 있다. 버트릭이 지적하듯, "우리가 형태 이전의 사고를 갖고 있다가 그것을 포장용기에 담아 다른 사람의 생각 속에 전달할 수 있다고 보는 합리주의자들의 견해는 결코 진리가 아니다." [7]

그렇다면 '내적 에너지'를 구성하는 것은 무엇인가? 마이어스가 '스스로 산출하는' 설교에 대해서 말할 때 그가 의도한 것은 무엇인가? 설교자가 준비 과정에서 '휩쓸려 가는' 것은 무엇 때문인가? '완전히 예측할' 수 없는 '여정'이란 무엇을 말하는가? 내가 생각하고 있는 '흐름'이란 어떤 것인가? 어떤 시간적 선후관계의 전략을 염두에 두고 있는 것인가? 이 모든 질문에 대한 대답은 플롯이다.

플롯

어떤 사람들은 플롯(plot)이라는 용어를 매우 좁은 의미에서 이해하고 있을 것이다. 아마도 희랍 비극에 대한 아리스토텔레스의 묘사를 떠올리는 사람도 있고, 아니면 자신이 좋아하는 텔레비전 시트콤 프로를 생각하는 사람도 있을 것이다. 우리의 사고의 지평을 확장하는 차원에서 슈퍼마켓에서 장보는 일을 생각해 볼 수도 있을 것이다.

여러분도 잘 알다시피, 구입물품을 적어 놓은 탁월한 목록표는 적절하게 구성되어 있다. 말하자면 단순히 필요한 물품들을 나열해 놓은 목록표와는 격이 다르다. 훌륭한 목록표는 시간적 순서를 갖고 있으며 전략적으로 구성되어 있다. 그러한 목록표에 따라 우리가 단순히 **이것**에서 **저것**으로 이동하는 것이 아니라 **여기**에서 **저기**로 움직이게 된다면, 그때 우리는 비로소 효과적으로 장을 보고 있다고 말할 수 있다. 상점의 정문이 있는 입구에서부터 계산대가 있는 출구까지 이르는 길, 그리고 그 사이의 모든 통로의 위치는 플롯의 구성에 기여한다. 우리가 구입하려고 작성해 둔 품목들은 우리가 통로를 따라 신속하게 움직여 갈 때 정해진 곳에서 발견된다. 발걸음을 돌려 시간과 에너지를 낭비할 필요가 없다. 쇼핑의 플롯은 놀랍고 결정적인 잠깐 동안의 반전 후에 "종이 혹은 플라스틱?"이라는 결정적인 질문에 답하는 최종적이고 안정된 대단원이 뒤따라오면서 적절하게 펼쳐질 것이다.

마찬가지로 모든 플롯 작업은 플롯을 가진 다른 실재들의 다양한 층들을 수반하는 고유한 맥락 안에서 고려되어야 한다. 앞서 든 예를 계속 이어가면, 일단 부엌 안으로 들어서면 하나의 플롯은 스토브 위에서 전개되는 다른 플롯으로 넘어간다. 그리고 그 이야기는 이후에 저녁식사 손님으로 초대된 새로 부임한 감독관의 도착과 함께 더욱 복잡해지는 플롯에 참여하게 된다. 집주인이 음식에 대해 감사의 기도를 할 때, 모든 사람은 (아마도) 존재적 차원의 플롯에 참여하게 된다.

한때 프랭크 커모드(Frank Kermode)는 플롯의 문제와 관련해서 플롯이 일상적인 시계의 똑딱소리의 전형적인 모델이 될 수 있다고 주장한 적이 있다. 아울러 그는 '똑의 겸손한 발생'과 '딱의 가냘픈 묵시'를 주목하라고 말했다. 모든 똑에 이어서 '정돈된 지속'이 따라오고, 모든 딱에 이어서 '정돈되지 않은 공백'이 따라온다.[8] 여러분은 여러분의 의지적 결단으로 똑딱이라는 두 음절을 뒤바꾸어 소리 내려고 시도했던 기억을 갖고 있는가? 이 둘은 서로 다른 두 소리가 아닌가?

때때로 우리의 가장 중요한 플롯 작업은 설교가 아니라 교회 행정의 전략을 수립하는 가운데 이루어졌다. 예를 들면 우리가 관료 제도의 지뢰밭과 미로를 통과하여 결정적인 해결을 도모하려고 부지런히 애쓸 때를 생각해 보라. 순서의 중요성, 시기의 미묘한 차이, 외부적인 사건의 발생 등등. 회의를 플롯으로 구성하기란 쉬운 일이 아니다.

음악, 잡화점, 시계, 제도적 삶 등의 이미지들이 보여주는 요점은 **플롯**이라는 용어를 구체적이고 다양한 상황 속에 위치시킬 필요가 있다는 사실이다. 우리의 관심 영역이 플롯이라는 주제를 일반적으로 구두 전달과 특별히 설교에 제한시킨다 할지라도, 플롯이라는 주제는 다양한 측면을 가진 실재이다. 오늘날 새로운 설교학의 다양한 유형들은 한결같이 "생각의 배열이 설교자의 의도의 전략적 지연을 포함하는 플롯의 형식을 취하는" **순서매김의 전략**(sequencing strategy)을 수반한다.[9]

방금 인용한 이 문장은 내가 「간추린 설교 백과사전」(Concise Encyclopedia of Preaching)에서 쓴 글에서 따온 것이다. 내가 이전에 쓴 글들을 접해 본 사람들은 이 「백과사전」에서 내가 쓴 글의 제목이 "내러티브 설교"라는 사실에 그다지 놀라지 않을 것이다. 위의 문장은 내러티브 설교에 대한 나의 정의이다. 따라서 다음과 같은 질문이 자연스럽게 제기될 것이다. 마침내 우리가 나의 모든 저술들의 일관된 주제(내러티브 설교를 위한 변호)에 당도했다면, 왜 지금까지 나는 이것을 말하지 않았는가? 왜 이것을 책의 서두에서 언급하지 않았는가?

사실 애초에 편집부와 나는 **내러티브**라는 용어를 이 책의 전체적인 초점으로 삼을 계획을 세웠다. 실은 이미 「말씀 듣기」(Listening to the Word)[10]에서 나는 **내러티브**라는 용어를 이 책에서 다룬 여섯 가지 설교 형태를 총괄하는 개념으로 사용한 바 있다. 또한 여전히 그 같은 선택을 고수할 의향도 있다. 하지만 다음 두 가지 사항 때문에 이 책의 초점을 플롯으로 옮기게 되었다.

우선 여전히 **내러티브**라는 용어와 **이야기**라는 용어 사이에 혼동이 존재하고 있다. **내러티브**라는 용어가 설교의 원천으로서 내러티브 본문이 가진 시간적 배열을 가리킬 수도 있고, 표현으로서 내러티브적 구술 담화의 내러티브적 배열을 가리킬 수 있다는 사실을 이해하고 있는 사람은 아직까지 많지 않다. 크레이븐(Craven)의 이같이 탁월하고 명쾌한 정의를 따른다면, 예를 들어 "탕자 이야기"에 관한 플롯 설교는 하나의 **내러티브**이자 내러티브 설교이다. 즉, 그 같은 설교는 내러티브 **원천**(source)과 내러티브 **전달**(treatment)을 동시에 수반하고 있다. 사실이 이러하다 할지라도 여전히 **내러티브**라는 용어를 이야기와 동의어로 생각하는 사람들이 있다 (때문에 내러티브 설교에 관심을 갖고 있는 우리들은 종종 "이야기 설교자들"이라는 이름으로 부정확하게 불릴 때가 있다).

다음으로 모든 '내러티브 설교들'이 아무런 차이도 없이 모두 동일한 설교 흐름을 갖고 있다고 생각하는 사람들이 있는 것 같다. 그러한 환원주의적 주장은 마치 예수님의 모든 비유들이 다 동일한 것이라고 말하는 것과 같다. 말하자면 여러분이 하나를 접했다면 다른 모든 것들도 동시에 접했다고 말하는 것과 마찬가지이다. 물론 이 같은 생각은 전통적인 틀을 갖춘 모든 설교가 똑같이 보이고 똑같이 들린다는 주장과 흡사할 수 있다. 하지만 나는 이 장에서 지금까지 다룬 (혹은 이어질 다음 몇 페이지에서 다룰) 논의가 이 같은 생각을 논박하는 데 도움을 줄 수 있다고 생각한다.

어떻든 명료성과 신선한 느낌을 위해서 나는 새로운 설교학의 여러 다양한 형식들을 가리키는 한 방편으로 **플롯** 혹은 **플롯을 따르는** 등의 용어를 사용하고자 한다. **플롯**이라는 단어가 나올 때마다 **내러티브**라는 단어를 읊조리길 원하는 사람들이 있다면 환영이다. 하지만 그것 때문에 혼란만 가중되는 사람들에게는 그 두 용어 사이의 연관성을 무시하라고 충고하고 싶다. 소설, 드라마, 시, 음악, 게임, 농담, 그리고 무역을 배우는 일, 사랑에 빠지는 것, 차를 사는 일, 여행하는 것, 내일을 예측하는 것 등과 같은 플롯 형식들과 연관된 설교의 플롯, 그것이 우리의 핵심 개념이다.

여러분은 설교가 이와 같은 초점을 갖게 될 때 발생하는 특징을 주목할 필요가 있다. 전통적 설교나 선포적 설교는 관념들 사이의 관계에 확대경을 가져가는 경향이 있지만, 새로운 설교학의 설교는 사람들이 관념들을 받아들이는 방식에 주목한다. 이것은 개요가 아니라 흐름을 생각하라는 윌슨의 충고와 일맥상통한다. 다른 책에서 나는 강단에서 공간이 아니라 '시간의 흐름에 따라'(doing time)에 대해서 말한 적이 있다.[11] 우리 대부분은 가까이 있는 청중과 함께 관념들을 조합하는 법에 대해서 배웠다. 하지만 우리는 설교가 시간 속에서 벌어지는 사건이라는 사실을 이해해야 한다. 그리고 아울러 관념의 운동과 함께 사람들의 시간을 구성할 수 있어야 한다.

환기의 사건으로서 설교의 순서는 개념적 범주들의 일관성뿐 아니라 들음의 논리를 따라야 한다. 앎에 이르는 과정에 관한 문제 역시 중요하게 다루어져야 한다. 설교자들은 일반적으로 청중보다 설교의 본문과 주제에 관하여 주장에 더 많은 시간을 보낸다. 따라서 설교자들은 자신의 결론에 이르게 되기까지의 과정을 재생하기보다는 그 결론을 단순히 청중에게 주입시키려고 시도하기 십상이다. 하지만 앎에 이르는 과정은 환기에 있어 핵심적인 요소이다.

설교의 플롯은 추론적 사고 과정이나 시적 형상, 비유 혹은 소재 묘사 등에 의해 구성될 수 있다. 설교의 플롯은 강력하게 끄는 힘을 가진 플롯일 수도 있고 경쾌한 미완성을 특징으로 하는 플롯일 수도 있고, 아니면 그 두 극단 사이에 자리한 플롯일 수도 있다. 여기에서 우리가 주목할 만한 사실은 로즈가 "변혁적 설교"라고 명명하고 버트릭이 "플롯을 따르는 유동성"이라고 이름붙인 설교 유형의 다양한 형태들에 있어 순서의 논리가 너무도 상이하게 차이가 난다는 점이다. 그처럼 다양한 설교 형태들 사이에 하나의 목적이 공유되고 있는데, 그것은 그것 없이는 아무것도 해결되지 않는 몇몇 기본적인 핵심 열쇠, 요소, 충격적인 이미지, 지식의 단편 혹은 단서를 연기시키고, 지연시키고, 숨기고, 정지시키는 것이다.

다양성을 주목하라. 내러티브 설교는 대부분의 경우 점점 힘겹게 진행되는 상황을 연출하며 사실상 거의 불가능해 보이는 지경에까지 나아간다. 그런 다음 뜻밖의 반전으로 놀라움을 불러일으킨다. 일반적으로 볼 때 갈등으로부터 시작해서 심화 과정을 거쳐 갑작스러운 전환 혹은 결정적인 반전을 지난 다음 종국적으로 해소에 이르는 내러티브 설교는 일화적 설교를 비롯한 다른 설교 유형들보다 훨씬 더 강력한 단선적 과정을 특징으로 가진다.

일화적 설교의 진행 과정은 설교자가 의도하는 내적인 논리가 드러나기 전까지 한 편의 짧은 예화에서 전혀 무관해 보이는 다른 예화로 갑작스럽게 이동한다. 이것은 점증하던 긴장이 갑작스런 전환을 통해 궁극적인 결말에 이르는 내러티브 설교와는 완전히 다르다. 내러티브 설교와 비교해 볼 때, 대체로 배경 설명으로 시작해서 왼쪽 뇌의 활동을 동반하는 짧지만 인상적인 신학적 성찰을 언급한 다음 이야기로 마무리되는 일화적 설교는 훨씬 더 느슨한 구조를 갖고 있다고 말할 수 있다. 이야기의 결정적인 대목에 이르게 되면, 처음에 느슨한 단편들처럼 보이던 것들이 모종의 설교적 전류에 휩싸이면서 통일성을 가진 하나의 전체로 결합하게 된다. 일화적 설교의 과정 자체에서 볼 때 그 양상은 긴장보다도 놀람을 더 수반한다.

그리고 **이야기 설교**의 플롯은 모두 이야기, 설교자, 목적에 따라 차이가 있기는 하지만, 문제가 해결되기 전까지는 끝나지 않는다. 설교 이야기의 플롯 구성에 있어 핵심은 물론 등장인물, 배경, 행동, 분위기를 포함시키는

4장 | 구성 - 전략

것이다. 이 모든 요소들은 최초의 불안정한 상태에서 종국의 해결로 움직여 가는 플롯을 만들어 낸다. 이야기 설교는 여섯 가지 설교 유형 가운데 종종 가장 은유적인 유형으로 일컬어진다.

흔히 이야기 설교는 청중이 이야기가 어디를 향하고 있는지는 몰라도 줄거리에는 자연스럽게 관심을 가진다는 사실을 이용한다. 이야기 속에서 뜻밖에 일어난 것처럼 사건들이 돌연 기대하지 못했던 결정적인 요소를 내포하기도 한다. 이것은 정확히 한 율법학자가 예수님에게 이웃의 의미를 물었을 때 일어난 일이다. 그 율법학자는 최종적인 결론이 무엇인지도 알지 못한 채 자신이 의도하지 않은 길을 따라가야 했다. 실로 이 같은 유형의 설교는 종종 예수님의 비유를 발전시키는 방식으로 진행된다. 간혹 특별한 재능을 가진 사람들은 오늘날의 비유를 새롭게 만들기도 한다.

전통적인 형식의 **초의식적 아프리카계 아메리칸 설교**는 전혀 다른 수사학적 장단에 맞추어 전개되는 것처럼 보인다. 이 같은 유형의 설교는 주의 깊게 연역적으로 구성한 설명 형식 안에서 본문을 주석하고, 해석하고, 적용한다. 하지만 이러한 관념 작용 이면에서 우리는 점증하는 기대감을 확인할 수 있다. 그 기대감은 점점 자라고 부풀어 오르다가 마침내는 터져서 축제에 이른다. 하지만 이 과정은 그렇게 빨리 진행되지 않는다. 이유는 플롯의 원만한 진행을 위해서이다. 그래서 설교자들은 "시간을 가지라."는 조언을 듣는다.

맥클레인은 흑인 설교의 네 가지 R을 "rhetoric(수사학), repetition(반복), rhythm(리듬), rest(휴식)"으로 규정했다.[12] 이 네 가지는 지연과 예기를 위한 실마리로 사용되는 전략적 요소들로서, 점증하는 크레센도를 전달하기 위한 설교의 예전을 구성한다. 때때로 관념 운동이나 이미지가 언급되는데, 이것은 나중에 결정적인 사건의 촉매가 되기 전까지는 그다지 주목을 받지 않는다.

현상학적 전개식 설교의 경우, 세 가지 양태 가운데 어떤 양태를 선택하느냐에 따라 차이가 있다. 그럼에도 불구하고 (직접성의 양태 안에서) 이야기 설교를 모방하거나 혹은 신학적 성찰을 반영하는 경우에는 설교 전체가 플롯을 좇아 구성될 수 있다. 버트릭의 말에 따르면, "플롯이라는 단어는 모든 종류의 해석학적 행위에 적용되며, 단순히 이야기에 국한되지 않는다." 13)

현상학적 전개식 설교의 '반성적 양태'에 있어 주목할 점은 그것이 "일련의 수사학적 단위들"14)로 구성되어 있다는 것이다. 버트릭의 말에 의하면, 이 수사학적 단위들 안에서는 "우리가 더 이상 본문의 원래 순서에 의해 얽매이지 않는다."15) 설교 안에서 구성되는 본문의 순서를 결정하는 일은 설교자의 각기 다른 전략에 의존한다.

귀납적 설교의 핵심 원리는 (우리가 이제 다 알다시피) 특수한 것에서 일반적인 것으로 옮겨가는 사고의 흐름이다. 하지만 특수한 것들을 어떻게 구성하는가 하는 문제는 매우 다양한 방식들을 수반할 수 있다. 때때로 귀납적설교는 자료의 축적을 통해 궁극적으로는 이전에 알려지지 않은 결론으로 옮겨간다. 또는 어떤 귀납적 설교의 경우에는 이미지들의 병렬을 통해 마침내 기이하게 뒤틀린 결론에 '당도하기'도 한다. 방법이 어떠하든 간에 공통적인 구성 전략은 청중이 아직까지는 완전히 예기되지 않은 결말에 관심을 가지도록 유도하는 것이다.

잠재적으로 가능한 형태들은 무수히 많다. 하지만 원칙은 동일하다. 그것은 지연, 불완전한 작업, 예기, 중단, 그리고 (희망컨대) 복음에서 비롯된 결론이다. 경우에 따라 우리는 전통적인 삼대지 설교 형식을 통해서 플롯이 전개되어 가는 것을 목도할 수도 있다. 이때 세 번째 대지는 단순히 핵심 주제의 세 번째 함의나 형식이나 부분이 아니라, 과정 전체를 통일시키고 완성하는 결정적인 이해이다.

따라서, 지금 우리 앞에 놓여 있는 당면 과제는 흔히 플롯들에서 발견되는 단계들을 따라 움직여 보는 것이다. 여기에서 우리는 아리스토텔레스가 「시학」(*Poetics*)에서 다룬 플롯에 대한 생각을 다소간 요약해서 다룰 것이다. 하지만 이런 방법으로부터 우리가 적절한 도움을 얻기 위해서는 우리가 우리의 상상력을 사용해서 그의 범주들을 확장시키고, 그의 사상을 단순히 문자적으로 전유하는 편협한 태도는 벗어버려야 할 것이다.

이제 우리는 갈등, 심화, 페리페테이아(peripeteia; 역전 혹은 갑작스러운 전환), 대단원(혹은 결론이나 해소)으로 이어지는 플롯의 과정들을 살펴보고자 한다.

1. 갈등

갈등(conflict)은 설교의 플롯 구성에 있어 기본적인 요소이다. 동시에 우리는 갈등의 다양성 과정도에 주목할 필요가 있다. 버트릭은 설교자들에게 성경 본문에 관해 적절한 질문을 던지는 법, 다시 말해 '관심 영역'을 발견하는 법을 배워야 한다고 충고한다. 어떤 것은 항상 "숨어 있다."고 그는 말한다.[16] 이런 유형의 사고는 단순히 본문의 결론적 '요점'을 지적하는 것뿐 아니라 그 구절이 '행하고자 하는' 바에 이르게 된다. [17]

마찬가지로 위대한 설교자이자 선생인 에드먼드 스타이믈은 다음과 같은 점을 분명히 한다. "만약 어떤 설교가 그 깊은 차원에서 성경적이라면, 그런 설교는 그 끝이 여전히 의문 속에 있는 플롯의 전개로 우리를 인도한다."[18] 비록 그가 의도한 것은 확장된 의미였지만, 때때로 문제가 여전히 의문 속에 있는 '사태의 종국'과 관련되기보다는 오히려 아직 분별을 요하는 사태의 '수단'과 더 관련되어 있다는 사실을 주목하는 것은 중요하다.

다른 말로 하면 때때로 의문의 대상은 **목적지**가 아니라 목적지에 이르는 **경로**이다. 예를 들어 기독교 공동체 안에 있는 청중은 일반적으로 우리가 그리스도의 능력을 확증함으로써 신앙 공동체를 하나님의 미래에로 인도할 것이라는 사실을 확신하고 있다. 문제는 도대체 그런 일이 어떻게 일어날 수 있는가 하는 것이다. 불확실성은 **무엇이** 아니라 **어떻게**에 관한 것이다. 때때로 나는 의도적으로 학생들에게 예수님을 충분히 곤경에 처하도록 해 보라고 권면한다. 즉, (잠시만이라도) 예수님이 핵심적인 구원 사역을 완수할 수 있는지 없는지조차 불확실하게 여겨지도록 해 보라고 조언한다.

다시 말하지만 회중은 우리가 성경의 권위에 동의하게 될 것이라고 자연스럽게 기대하고 있다. 하지만 그 사이에 등장하는 질문들은 종종 잠정적인 갈등을 제공한다. 어떤 성경구절의 경우에는 읽는 순간 그 구절의 핵심이 모든 사람에게 거의 분명하게 이해될 수도 있다. 이런 경우에는 설교자가 다른 본문을 찾아 읽음으로써 처음 구절과 관련한 어려운 질문을 제기할 필요가 있을 것이다(이와 관련해서 크래독은 특정한 본문과의 씨름을 시작하게 하는 다른 본문을 찾는 데 있어 탁월한 재능을 갖고 있다).

여기에서 사용되는 핵심 용어는 **갓길로**(sideways)이다. 어떤 경우에는 갓길로 우회하지 않을 경우 설교를 효과적으로 시작할 수 없을 때도 있다. 성구집편찬위원회에서 뽑은 성경구절들 가운데 '놀라울 정도로 단언적인' 송영 본문들에 적절한 갓길을 발견하는 작업은 언제나 그렇게 쉽지만은 않다. 하지만 이 작업은 항상 요구된다. 만약 여러분 자신이 어떤 본문과 관련해서 무미건조하고, 명백하고, 평범하고, 너무도 많이 사용되고 그래서 진부해진 도덕적 반성에 빠져 있다고 느낀다면, 바로 그때가 약간 우회해서 돌아가야 할 시점이다. 아마도 사태를 우회해서 다루도록 도와줄 수 있는 다른 극단, 다른 진리 차원, 혹은 다른 관점이 존재할 것이다. 숨어 있는 것을 찾아보라(장례 설교의 경우에는 상황적 갈등을 발견하는 데 있어 분명 특별한 재능이 필요하지는 않을 것이다).

폴 스콧 윌슨은 갈등에 대해서 이야기하기보다는, "그렇지 않았으면 서로 연관되지 않았을 두 관념들을 결합시키고 그 관념들이 만들어 내는 창조적 에너지를 발전시키는 것"과 관계된 상상력에 대해 말하기를 좋아한다.[19] 어떻게 하면 우리가 그 같은 상상력을 발휘할 수 있을까? 그의 대답은 본문에 대한 질문을 제기함으로써 그렇게 할 수 있다는 것이다. "상상력은 본문과 우리 자신 사이에 불꽃이 튈 수 있을 정도의 간극을 요청한다."[20] 윌슨의 견해에 의하면, "질문들은 언덕에서 피어나는 야생화와 같다. 야생화는 놀라움과 신비를 우리에게 가져다주는데, 이 놀라움과 신비는 둘 다 우리의 상상력에 필수적이다." 물론 (예를 들어 예수님이 어떻게 삭개오의 이름을 알고 있었는가와 같은) 간단한 질문들을 스스로 던지지 않는 사람들이 있다는 사실을 그는 알고 있다. 그의 주장에 따르면, 만약 여러분이 그와 같이 사소한 질문을 던지지 않는다면 여러분은 "부지불식간에 상상력의 꽃을 짓밟는 것이 된다."[21]

따라서 우리는 여기에서 윌슨으로부터 두 가지 중요한 도움을 받을 수 있다. 첫째, 그는 설교 준비에 착수함에 있어 결정적인 수단을 지적했다. 둘째, 바로 이 점에서 그는 플롯을 시작하는 갈등에 대한 아리스토텔레스의 이해가 보다 넓게, 그리고 신선한 방식으로 해석될 수 있다는 사실을 우리에게 보여주었다. 실로 상상력은 갈등의 한 형식이다. 그것은 설교자 안에 모호성과 (결과적으로) 긴장을 가져온다. 아마도 바로 그 때문에 어떤 사람들은 상상력을 '허용하지' 않으려 하는 것 같다. 종결은 비록 안정감을 갖고 있긴 하지만 마음과 정신을 꽉 움켜쥐는 죽음과 같은 것이다.

요컨대 설교자는 다른 예술가들과 마찬가지로 혼동에 대한 일종의 목마름이 있어야 한다. 리꾀르는 은유를 '의미의 탄생 공간'으로 이해한다.[22] 말하자면 윌슨의 상상력 이해에서 볼 수 있는 것과 마찬가지로, 리꾀르가 이해하는 은유는 일반적으로 갈등의 한 형식으로 이해되지 않는다. 오히려 갈등이 은유의 '괴롭힘'이 수반하는 한 요소로 이해된다. 버트릭은 우리에게 다음과 같은 사실을 상기시켜 준다. "은유는 긴장, 곧 유사성과 비유사성 사이의 긴장을 통해 힘을 가진다."[23]

대화로서의 설교를 주장하는 루시 로즈의 견해와 관련해서 우리는 서두의 갈등 개념으로부터 멀리 떨어져 있다는 인상을 받을 수 있다. 특별히 비위계적인 '원탁 교회'(round-table church)에 대한 그녀의 강조를 생각하면 더욱 그러할 수 있다.[24] 하지만 그녀가 '도박'에 대해서 이야기를 시작할 때, 우리는 위험과 손상 가능성에 대한 의식을 갖게 된다. 말하자면 대화가 시작하는 지점이 정확히 어디인가? 분명 그것은 종결부도 아니고, 삼대지를 선언하는 부분도 아니다.

커모드(Kermode)의 표현을 사용하면, 대화는 딱(tock)이 아니라 똑(tick)에서 시작한다. 이때의 똑은 불명확한 것에 의해 발생한 똑이다. "건축일은 어떻게 진행되어 가고 있어요?" 혹은 "남편 건강은 이제 회복되고 있나요?" 등과 같은 질문으로 대화는 시작한다. 대화는 이미 알려진 것, 해결된 것, 안정적이고 고정된 것에서부터 시작하지 않고, 아직 알려지지 않은 것, 불분명한 것, 희박하고 유동적인 것에서부터 시작한다. 불편함 혹은 기이함에 대한 의식이 대화를 진행시켜 가는 것이다. 때때로 그것은 가장 사소해 보이는 이슈들로부터 시작할 수도 있다.

이제 본문이 성경 이야기라면 일은 보다 쉬워진다. "두 사람이 기도하기 위해 성전에 올라갔다. 첫 번째 사람이 말했다. '하나님, 감사합니다.'" 이런 경우 우리는 찰스 라이스가 말했듯이 몸을 앞쪽으로 기울이고 혹은 화자를 "향하여 구부리고"[25] 그저 앞으로 달려가기만 하면 된다. 하지만 대부분의 경우 우리는 그렇게 운이 좋지 않다. 결국 다음 주일에 삼위일체 하나님에 대해 설교한다고 미리 알리고서 그 주일에 회중석을 가장자리까지 가득 메우기란 좀처럼 쉬운 일이 아니다. 말하자면 우리가 살짝 들어

간 부분, 가능한 모호성을 이미지 안에서 발견하기 전까지는 그러하다(예를 들어 삼위일체 하나님을 설교 주제로 삼을 경우, 겟세마네 동산이라는 배경은 진지한 질문들이 숨어 있는 훌륭한 장소일 수 있다).

이 모든 고려들은 다음과 같은 질문을 제기한다. 만약 모종의 인지된 갈등, 말하자면 설교자뿐 아니라 청중에 의해서도 분명 경험된 갈등으로부터 설교의 플롯이 일반적으로 시작한다면, 매주일 아침 교인들을 교회에 붙잡지 못하거나 이끌어 오지 못하는 다른 중요한 성경 본문들과 주제들은 어떻게 되는 것인가? 설교의 범위가 사람들의 자연적인 관심 영역 안으로 제한되고 마는 것이 아닌가? 실로 사람들이 인식하는 관심과 성경의 관심 사이에 불연속성이 존재한다는 점을 강조한 칼 바르트의 강의를 새롭게 들어야 하는 상황에 처하게 되는 것은 아닌가? 바르트가 말한 바에 의하면, 결국 "회중은 교회에 인간 삶의 중요한 질문을 가져오고 그 질문에 대한 대답을 구하지만, 성경은 반대로 대답을 가져오고 그 대답에 상응하는 질문을 구한다."[26]

분명 게으른 설교자는 (사람들이 이해하는 바) 당면한 필요와 요구에 스스로를 제한시킬 수 있을 것이다. 목회 활동의 다른 측면들에서와 별반 다름없이, 다른 사람들이 중요하다고 생각하는 것에 스스로를 제한하고 싶은 사람들도 분명 그렇게 할 것이다. 하지만 심지어 로즈가 말한 대화적 설교의 '민주주의'에서조차 설교자는 맨 처음 말을 하는 사람이며, 종종 그런 경우 유일하게 말하는 사람이다.

우리는 이 문제를 연관된 영역인 드라마를 통해서 살펴볼 수 있다. 나는 극장에 갈 때 지난 세 시간 동안의 나의 삶과는 연속성이 거의 없는 어떤 경험을 기대하고 간다. 나는 나의 돈을 내고 나의 좌석에 앉는다. 그리고 우리가 런던에 있다는 사실을 발견한다. 우리는 사전에 동의서를 제출하지도 않았고, 우리가 인식하고 있는 관심 분야나 필요나 갈망에 대한 질문지에 응답하지도 않았다. 극작가는 고유한 작업 의제를 갖고 있다. 그리고 우리는 나중에 운전석에 앉게 될 것이다. 하지만 지금은 아니다.

　그렇다고 사회자가 연극 시작 직전에 무대 중앙으로 나오지도 않았다. 금요일 저녁, 극장을 찾는 사람들은 힘겨운 한 주간을 보내고 다들 지쳐 있다. 이때 새롭게 고안된 시작 부분은 우리가 처한 상황의 구체적인 점들을 적절하게 고려하면서 연극을 바꾸어 놓을 것이다. 아니, 훌륭한 극작가와 뛰어난 감독, 그리고 유능한 배우들의 솜씨는 (그들이 말하듯) '불신의 자발적 중단'(willing suspension of disbelief)으로 우리를 유인할 것이다. 커튼이 올라가고 우리는 런던에 있다.

　월터 브루그만은 「설교자는 시인이 되어야 한다」(Finally Comes the Poet)에서 이 점을 분명히 하고 있다.

> 설교의 사건은 변화된 상상력 안에서의 사건이다. 설교의 순간에 시인들은 세상을 다르게 인식하고 표현할 수 있는 권리, 새로운 국면, 새로운 그림, 이미 알려진 사태들의 신선한 조합을 감행할 수 있는 권리를 부여받는다. 시인들은 권위를 갖고서 새롭게 들리는 목소리들과의 새로운 대화를 초청한다. 새로운 대화는 신뢰할 수 있는 자유, 포기할 수 있는 용기로 마칠 수도 있다. 우리 자신의 삶들이 의존하고 있는 그 새로운 대화는 시인을 요청한다. (왜냐하면) 우리가 저항과 포용의 장소들에 당도하는 것은 교훈이 아니라 오직 이야기를 통해서, 즉 우리의 두려움이나 상처와는 별개로 세상을 다르게 묘사하는 이미지들과 은유들과 문구들을 통해서만 가능하기 때문이다. 시인으로부터 오는 성찰은 쾌활함, 상상력, 해석을 요구한다. 새로운 대화는 모호함, 탐구, 대담한 예측 등을 허용한다.[27]

이것은 쉴라퍼(Schlafer)의 주장이 틀렸다고 말하는 것이 아니다. 그는 설교란 "말하는 것보다는 오히려 듣는 것이며"[28] 회중의 목소리를 듣는 것이 전적으로 요청된다고 주장한 바 있다. 자세히 들여다보면 그는 단순히 듣는 것에 대해서만 말하지 않고, "다양한 목소리들에 관여하는 것"[29]에 대해 말하고 있다. 또한 설교자가 교회에 말을 할 뿐 아니라 교회 역시 설교자에게 말을 한다고 주장한 포사이드의 견해 역시 틀린 것은 아니다. 전혀 그렇지 않다. 솔직히 말해서 스스로 예언자라고 주장하는 사람들이 여전히 존재하고 있으며, 그들은 결코 남의 말을 듣지 않으려는 자신의 결단을 통해 권위를 획득하는 것처럼 보인다.

사실 회중석과 강단 사이의 관계는 결코 '원하다-말하다'의 관계가 아니다. 설교자의 직무에 대한 올바른 이해에는 사람들의 목소리를 듣는 것과 본문의 목소리를 듣는 것이 함께 포함되어 있다(여기에는 회중과 문화와 예전 안에서, 그리고 심지어는 설교자 안에서 들려오는 다른 여러 목소리들을 듣는 것도 포함된다). 설교자의 해석 책임은 실로 대단하다고 말할 수 있다. 쉴라퍼가 지적하듯이, "설교는 훌륭한 듣기보다 못한 것이 될 수는 없지만, 동시에 **그 이상**이 되어야 한다."[30] 목회적, 예언자적 감수성의 심연에서부터 비롯된 설교일수록 더욱 그러하다.

2. 심화

다음으로 전해 오는 말처럼 "이제 플롯이 두터워진다." 새로운 설교학 설교의 구체적인 형태가 어떠하든지 간에, 일단 갈등이 발생하면 사태는 비록 다양한 방식이긴 하지만 항상 악화되는 방향으로 진행된다. 적어도 이것이 플롯 형식이 작용하는 방식이다.

우리는 다른 예술작품들에서 발견되는 플롯의 이 같은 기본적인 움직임에 대해 잘 알고 있다. 종종 그러한 움직임은 실제로 즐거움을 가져다준다. 모짜르트는 조용히 "반짝 반짝 작은 별"을 유쾌하고 단순하게 연주한다. 그런 다음 음악의 양태가 전환된다. 무수히 많은 변주들이 우리를 순차적으로 쾌활하고 친밀한 춤, 느린 단조의 걸음, 힘차고 당당한 행진으로 인도한다. 얼마나 현명한 판단인지! 매우 흥미롭다.

「쥐덫」(*The Mousetrap*)에서 애거서 크리스티(Agatha Christie)는 수련장에 있는 원형극장으로 우리를 초대한다. 거기에서 그녀는 손님들 가운데 한 사람에게, 그리고 다음에는 다른 사람에게 의혹의 옷을 입힌다. 왜냐하면 그들 가운데 누구든지 악한일 가능성이 있을 뿐 아니라, 그들 모두 다음 번 희생양이 될 수도 있기 때문이다. 참으로 흥미로운 작품이다. 하지만 살인을 둘러싼 미스터리를 풀려고 시도하는 탐정에게는 결국 모든 것이 극적인 반전을 통해 결말에 이르기 전까지 매우 혼돈스런 상황임에 틀림없다. 마지막 반전은 매우 충격적이다. 우리는 우리 자신이 그토록 멍청하게 속아 왔다는 사실을 깨달으며 유쾌한 미소를 입술에 머금는다.

「쥐덫」에 대한 이야기를 마무리하기 전에, 우리는 첫 번째 살인과 마지막 반전 사이의 잠정적인 기간에 주목할 필요가 있다. 사실상 이것이 작품 전체를 구성하고 있으며, **심화**의 단계에 해당한다고 말할 수 있다. 최초의 갈등은 첫 번째 살인 사건인데, 그 사건은 다른 곳에서 발생했다. 우리가 주요 인물들의 특징에 점점 친밀해질 무렵, 두 번째 살인 사건이 바로 수련장 안에서 발생한다. 바로 우리 눈앞에 있는 어둠 속에서 말이다. 이제 이 과정은 점점 더 심화된다. 왜냐하면 미스터리가 해결되기 전까지는 이제 모든 사람의 목숨이 위험 속에 처해 있기 때문이다. 이것이 심화의 진행 과정이다. 하지만 **흥미롭다**라는 표현은 우리 자신의 생명이 위기에 처하지 않을 경우에만 적절하게 사용될 수 있다. 그럼 이제 장면을 한 번 바꾸어 보자.

예수님과 그분의 가까운 친구들이 산을 향하고 있다. 방금 전 그 친구들은 예수님이 자신의 미래에 관하여 믿을 수 없는 예언을 하는 것을 들었다. 한 본문은 제자들이 "곤하여 졸다가 아주 깨어"[31] 있었다고 기록하고 있다(이것은 내가 볼 때 우울증의 한 증상처럼 들린다). 분명 이것은 자신들의 지도자가 자신의 임박한 죽음에 대해서 이야기하고 자신이 정치적인 반역자로 처형될 것을 예견한 다음에 나타날 수 있는 자연스러운 반응일 것이다. 그리고 그들은 아무에게도 이 이야기를 하지 말라는 말을 듣는다.

산 정상에 도달한 그들은 특별한 체험을 한다. 어떤 설교자들은 이상하게도 이것을 "산꼭대기 체험"이라고 불렀다(만약 이것이 산꼭대기 체험이라면, 나는 거기에서 빠지고 싶다). 거기에서 대화와 행동의 주제는 오로지 죽음에 맞추어져 있다. 그런 다음 그들은 산을 내려와 사람들의 필요 한가운데 선다. 그런 다음 골고다라 불리는 다른 산으로, 하나님의 고통의 정점으로 올라간다. 수난 이야기 가운데 특별히 이 부분은 심화의 과정을 보여준다. 아무도 이 부분에 대해 재미있다고 말하지 않는다. 그것은 단순히 이것이 끔찍한 비극의 플롯이기 때문이 아니라, 자신들이 그 플롯 중심에 있다고 생각하는 사람들 가운데에서 그것이 이야기되기 때문이다.

설교자들 가운데 플롯의 이 부분을 회피하고자 하는 사람들이 있다는 사실에 대해 우리는 의아하게 생각할 필요가 없다. 제자도의 의미에 관한 권면으로 '사태를 종결짓거나' 혹은 (브루그만이 이야기하듯) 복음을 '관료주의 의식에서 비롯된' 문제 해결의 도구주의로 환원시키는 것은[32] 무척이나 쉬운 일이다. 실로 이것은 변화산 사건을 산꼭대기 체험으로 이해하는 의식과 별반 다르지 않을 것이다. 여러분도 알다시피, 이것은 유익하고 교훈적이다. 하지만 이것은 신비의 가장자리에서 춤추는 것과는 거리가 멀다.

내가 볼 때 우리는 사태를 있는 그대로 펼쳐 보이는 것에 대해 이와 같은 자연스러운 거부감을 가지고 있다. 종종 우리가 본문의 관심 영역을 확정하고 이슈를 정교하게 가다듬고 현존하는 갈등을 명명한 바로 직후에 서둘러 그 이야기를 접고 유혈을 멈추고 고통을 진정시키고자 한다는 사실은 충분히 이해할 수 있는 일이다. 그것은 때때로 목회 사역의 일환으로 여기지기도 한다. 왜냐하면 삶이 어떻든 힘들어질 수 있기 때문이다. 하지만 그처럼 성급한 종결은 우리 인생의 비극에 대한 임시처방에 불구하며, 고통으로부터의 일시적인 해방을 가져다줄 뿐이다. 심지어는 복음을 듣지 못하도록 막는 면역 체계를 강화할 수도 있다.

수년 전 나는 당시 내가 겪고 있는 손목관절 통증과 관련해 그 이유를 찾기 위해 전문의를 찾아간 적이 있다. 그 전문의는 완골터널증후군과 퇴행성관절염 사이에서 어떤 진단을 내려야 할지 고민했다. 분명 증상을 볼 때 가능성은 반반이었다. 두 질병에 대한 치료 방법이 완전히 정반대였다는 사실을 알게 된 나는 내가 어떤 치료책을 따라야 할지 그 전문의에게 질문했다. 그때 그가 대답했다. "조금만 더 기다려 보세요. 증상이 좀 더 악화되면 무엇이 문제인지, 따라서 어떻게 해야 할지 알 수 있을 겁니다." 증상이 좀 더 악화된 **이후에야** 정확한 판단이 가능하다는 그의 말에 주목하라. 설교에서 심화의 과정은 종종 우리 인간이 처한 곤경의 증상들에 대한 이해를 심화시키며, 따라서 그것에 대한 정확한 진단과 복음에 기초한 치료책의 발견을 가능하게 한다.

다른 사람들이 심화의 점증하는 흡인력으로부터 한 발 물러서면서 앞서 언급한 충분히 이해 가능한 함정에 빠지는 것을 보는 것은 그것을 우리 자신 안에서 발견하는 것보다 더 쉬운 일이다. 대부분의 목사들은 이런저런 경우를 통해서 장년 주일성경공부를 시작하는 첫 번째 모임이 산만하게 진행되는 경험을 해 본 적이 있을 것이다. 모임 중에 있던 한 사람이 세계 혹은 공동체 안에 현존하는 시급한 문제를 단 두 문장으로 정리한 다음, 흔히 "만약 여러분이 나에게 질문하신다면"으로 시작하는 세 번째 문장에서 그 문제에 대한 해결책을 제시한다. 열고 닫고, 문제를 제기하고 문제를 해결한다. 참으로 쉽다.

하지만 다행스럽게도 곁에 있던 다른 사람이 논의를 복잡하게 만드는 논평을 덧붙인다. 예를 들어 개인적인 경험이나 해당 이슈와 관련된 예기치 못했던 연구 숫자들을 언급할 수도 있을 것이다. 그러면 다른 사람이 용기를 얻어 처음 제기된 견해에 대해 자신이 동의하지 않는다는 사실을 인정한다. 그리고 또 다른 사람이 성경 본문과의 유사성을 지적한다. 이쯤 되면 성경공부를 마칠 시간이 찾아온다. 돌이켜보면 대화는 매우 성급하게 규정된 문제에 대한 성급하게 확정된 대답에서 보다 깊은 차원의 성찰로 진행했다. 사람들의 참여는 구체성과 깊이를 얻었다. 문제가 '해결된' 것은 아니었지만, 처음에 소개된 갈등이 심화의 단계에 들어섰다. 바로 주일성경공부 시간에 말이다.

올리버 웬델 홈즈(Oliver Wendell Holmes)가 언젠가 "복잡성의 이쪽 편에 존재하는 단순성의 유형에 대해서는 조금도 신경 쓰지 않지만, 복잡성의 저쪽 편에 존재하는 단순성에 대해서는 중요하게 생각한다."고 말한 적이 있다.

훌륭한 재즈 연주가들은 홈즈가 의도한 바를 정확하게 이해한다. 그들의 즉흥연주는 홈즈의 금언을 소리라는 매개체 안으로 매우 강력하게 가져다놓는다. 르로이 오스트랜스키(Leroy Ostransky) 교수의 관찰에 따르면, "최고의 창조적인 음악가들을 다른 평범한 음악가들로부터 구분짓는 특징은 그들이 해결책을 마련하는 방식에서 발견된다. 해결책을 마련하기 위해서 미해결의 상태를 설정하는 것이 필수적이다. (중략) 재능이 없고 평범한 재즈연주가들은 문제를 자신에게 부과시키는데, 이때 그 문제에 대한 대답은 그들이 설정한 미해결의 상태에서 이미 명확하게 드러난다." 그의 주장에 의하면, 결국 핵심은 '아무리 정교한' 해결책이라고 하더라

도 그 같은 해결책에서 발견되지 않고, 오히려 '미해결 상태에 내재한 복잡성'에서 발견된다. 33)

우리의 논의와 관련지어 생각해 보면, 여러분이 만약 여러분이 방금 지나온 문을 통해 밖으로 나갈 수 있다면, 여러분은 실제로 심화의 단계에 들어섰다고 말할 수 없다. 심화의 단계에 들어서기 위해서는 더 이상 되돌아갈 가능성이 보이지 않는 지점까지 깊숙이 문 안으로 들어서야 한다. 아마도 오직 그러한 경우에만 복음이 가져다주는 구원의 메시지를 들을 수 있는 가능성이 존재할 것이다. 유달리 강력한 힘을 발휘한 설교들을 돌이켜보면 많은 경우 그 설교를 준비하는 과정에서 설교자가 무엇을 말해야 할지 알지 못해 거의 절망에 빠졌다는 사실을 확인할 수 있다. 때때로 우리는 바른 길을 찾기 위해 길을 잃어버릴 필요가 있다.

브라운은 이것을 다음과 같이 명쾌한 문장으로 표현한다. "창조적인 작업은 언제나 창조적인 일꾼들을 심연의 가장자리로 인도한다." 뿐만 아니라 "위대한 설교는 위대한 예술작품과 마찬가지로 자신 안에서 아무런 혼돈도 발견하지 못하는 사람들이나 그러한 혼돈을 극복하지 못하는 사람들의 작품일 수 없다."34)

어떻게? 설교에서 심화의 과정을 여는 방법들은 무수히 많다. 그 방법들은 모두 본문의 장르, 문제의 성격, 사용된 설교의 형식적 유형 등에 의존한다.

내가 설교에 관해 처음으로 쓴 책「설교의 플롯」(The Homiletical Plot)에서 나는 설교의 이 단계를 '모순을 분석하는' 단계로 규정했다.35) 여기에서 당시 내가 가지고 있었던 몇몇 가정들을 간단히 살펴보는 것은 도움이 될 것이다. 첫째, 당시 나는 왼쪽 뇌를 사용하는 매우 추론적인 설교 유형에 몰두해 있었다. 나는 모든 사람에게 "왜?"라는 질문을 던질 것을 강요했다. 왜 그 같은 문제가 존재하는가? 치료책을 필요로 하는 그 같은 문제 행동 배후에는 무엇이 자리하고 있는가?

당시 내가 가졌던 두 번째 가정은 설교가 문제가 되는 주제에 집중해야 하고, 그 같은 주제는 목적이 아니라 해결 이전의 상태에 의해 명명되어야 한다는 것이었다. 따라서 설교의 주제는 현대인의 삶이나 혹은 현대인의 삶에 상응하는 무언가를 수반하는 성경 본문에서 이끌어져 왔다. 내가 사용했던 한 가지 예화는 일반적으로 '염려의 실패'로 묘사되는 **무감정**(apathy)이라는 문제를 다루었다. 전해 내려오는 지혜에 따르면, 사람들은 "좀처럼 염려하지 않는다." 하지만 사태를 검토하면서 "왜?"라는 질문을 던졌을 때, 실제 세계로부터 구체적인 상황들을 도입했을 때, 결국 문제는 사람들이 좀처럼 염려하지 않는다는 데 있지 않다는 것이 분명해졌다. 문제는 오히려 사람들이 지나치게 염려하고 따라서 상처받기 쉬운 상황으로부터 물러선다는 데 있었다. 하지만 그때 나는 "왜?"라는 진단 질문이 설교의 플롯을 복잡하게 만드는 단지 한 가지 방법에 불구하다는 사실을 깨닫기 시작했다(실로 그것은 때때로 지극히 개인주의적인 유형의 방법이 될 수도 있다).

"놀라운 은혜"라는 제하의 설교에서 프래드 크래독은 그가 자주 사용하는 다른 전략을 보여준다. 그것은 "한 성경 본문이 다른 본문과 씨름하도록" 하는 방법이다(설교자 대신 본문들이 논쟁하도록 하는 것은 언제나 지혜로운 방법이다). 청중을 갈등 상황 속에 몰아넣기 위한 목적으로 그가 사용한 성경 본문 중에서 우리는 의인은 축복을 받고 악인은 형벌을 받는다고 묘사한 시편의 한 구절을 발견한다. 그는 시편의 이 구절을 하나님이 의인과 선인에게 모두 비를 내리신다고 이야기하는 마태복음의 한 구절과, 또 하나님이 배은망덕한 자와 이기적인 자에게도 친절하다고 말하는 누가복음의 한 구절과 대조시킨다.[36]

점증하는 심화 과정을 확립하는 것과 관련해서, 설교의 승리를 아무리의식적으로 주장한다 하더라도 가공의 인물을 도입하는 것은 결코 효과적이지 않다. 딜레마적인 상황은 (그것이 비록 일시적이더라도) 신빙성이 있어야 한다. 허구적인 소설을 쓰는 작가들이 우리의 관심을 지속적으로 붙잡을 수 있는 것은 그들이 등장인물들을 양자택일적인 모순 상황 속에서 결단할 수밖에 없는 상황 속으로 몰아넣기 때문이다. 그리고 이때 결단은 단순히 선과 악 사이의 선택이 아니라(이것은 거짓된 모순이다.), 선과 선 사이에서, 그리고 악과 악 사이에서의 선택이다. 서로 경쟁하는 주장들은 플롯의 심화 과정을 돕는다.

이야기 설교에서 플롯은 일반적으로 등장인물들이 결단의 순간에 점점 가까이 가게 됨으로써 복잡해진다. 그리고 그 결단의 순간의 결과들은 더욱 중요하게 된다. 이러한 원리는 요한복음 8장에서 확인된다. 이 본문에서 간음한 여인을 돌로 쳐 죽어야 하는지의 여부를 예수님께 묻는 '무죄한 자들의' 질문은 예수님이 아니라 질문을 던지는 그들에게 점증하는 무게의 결과들을 가져온다. 그들은 예수님을 그 지점에 세우고자 희망했지만, 이제 그들과 그들의 인격, 그들의 명성, 그들의 지위가 바로 그들의 최초 질문을 통해서 점점 그 선상에 놓이고 있다. 그들은 스스로 예수님을 상자 안에 가두었다고 생각했다. 하지만 그리고 나서 그 상자의 뚜껑으로 자신들을 덮어버렸다.

귀납적 설교에서 심화는 충돌하는 자료들의 축적을 통해서, 즉 마치 소크라테스의 문답법 형식처럼 명백한 결론에 뒤이어 명백한 결론을 간략하게 언급하는 일을 반복함으로써 이루어진다. "이것도 아니다." 그리고 "이것도 아니다."를 반복하는 가운데, 청중은 제거의 과정을 통해 아직까지 알려지지 않은 또 다른 가능성으로 인도된다. 혹은 반대로 귀납적 설교는 자료의 제거가 아니라 자료의 추가를 통해서 심화 과정을 조장할 수도 있다.

4장 | 구성 - 전략

일화적 설교는 흔히 아무런 언급이나 전환 단락 없이 토대를 바꾸는 전략을 사용한다. 하지만 이러한 전략이 통하기 위해서는 상당한 정도의 신뢰와 실력이 갖추어져야 한다. 왜냐하면 설교자는 '들려지는 지지수단' 없이 청중의 지속적인 관심을 요청하기 때문이다. 청중의 신뢰를 얻고 있는 설교자는 그들을 성경 본문으로부터 편의점에로 단숨에 인도할 수 있다. 하지만 그렇지 못한 설교자는 혼자서 이동한다. 모두가 함께 이동한다면 그 결과는 놀라울 정도로 상충하는 것일 수 있다.

내러티브 설교는 하나의 가느다란 실 같은 연결 고리를 통해 낯설고 새로운 영역으로 진행하며 심화 과정을 만들어 낸다. 교향곡의 경우 이 작업을 쉽게 해낸다. 한 악장이 끝나갈 무렵 청중은 완전한 침묵을 기대하고 있다. 하지만 지휘자가 마무리를 위해 팔을 장엄하게 흔드는 순간, 오보에 하나가 하나의 음을 소리낸다. 마지막 화음의 다섯 번째 음이다. 이 음은 음악의 마법을 통해 다음 화음의 세 번째 음이 된다. 더 크고 신선한 심화 단계로의 이동이 실오라기, 곧 오보에에서 흘러나오는 이 한 음에 달려 있다. (요컨대 전환을 위해 폭넓은 결론을 사용하지 말라. 오히려 모호성을 내포한 강력하고 얇은 음의 힘을 사용하라.)

설교학계에서 아프리카계 아메리칸 설교자들보다 침묵이 가진 힘을 더 잘 이해하고 있는 설교자는 없을 것이다. 그들은 청중을 문자 그대로 문장 가운데 붙잡아 둔다. 그래서 오히려 청중이 복잡한 상황이 해결되는 상황까지 설교가 진행해 가도록 갈망하게 만든다. 에반스 크로포드(Evans Crawford)는 이것을 "콧노래 사고" 혹은 "통찰과 환희의 소리를 통한 구체화"라고 묘사한다.[37] 아프리카계 아메리칸 설교자들이 일상적으로 말해질 수 있는 것을 말하면서도 어떻게 놀라운 방식으로 사고를 구성해서 회중을 점증하는 놀라움과 기대감으로 인도하는지 주목할 필요가 있다. 예를 들면 설교자는 단순히 태양을 가리키기보다는 다음과 같이 말한다.

"이른 새벽 나는 최초의 얇은 연필줄을 바라보았다. 내가 보니, 하나님의 불공은 정오의 정점에 오른 다음 여명에까지 쉼 없이 여정을 계속하다가 서편 언덕 너머에서 잠자리에 들었다."[38]

어떤 설교 형식에서 어떤 심화의 방식이 사용되든지 간에, 핵심적인 열쇠는 **유동성으로의 움직임**이다. 이때 유동성이라 함은 사태가 단순히 불명확한 상태를 말하지 않고, 아직까지 완전히 결정되지 않은 상태를 가리킨다. 플롯의 이 단계에서 이루어지는 움직임은 실제적으로 미해결된, 진실로 딜레마적인, 실로 막혀 있는 상태로의 움직임이어야 한다. 이때 과제는 어떻게 하면 현명해질 수 있는지를 배우는 데 있지 않다. 그 상황은 욱신거리는 손가락의 통증처럼 지속될 것이다. 오히려 과제는 깊은 침묵의 명료한 발음으로 움직여서 거기에서부터 새로운 말이 터져 나오도록 하는 데 있다. 엘리야의 동굴 앞을 묘사하는 NRSV 성경의 번역에 따르면, 그것은 "절대 침묵의 소리"이다. [39]

플롯을 복잡하게 만드는 다양한 방식들 가운데 무엇을 선택할지 결정하는 것은 다양한 요소들과 관련을 맺고 있다. 하지만 그 중에서 준비 과정 중에 동시적인 결단이 이루어져야 한다는 사실보다 더 중요한 것은 없다(비록 그 같은 결단이 선행하거나 후속할 수도 있지만, 여기에서 나는 '동시적인'이라는 표현을 사용한다). 데이비드 쉴라퍼는 이러한 결단을 "통합 전략의 분별"이라 명명했다.[40] 그의 설명에 따르면,

성경은 이미지들을 통해 우리의 감각과 감정을 직접적으로 끌어들인다. 또한 성경은 우리가 이야기들 안에, 즉 역사적, 허구적, 신비적 내러티브들 안에 참여하도록 우리를 초청한다. 뿐만 아니라 성경은 논증들, 곧 특정한 결론으로 우리를 인도하기 위해 의도된 증거의 질서정연한 제시를 통해 우리와 마주 대한다.[41]

쉴라퍼의 주장에 따르면, 우리는 본문과 회중, 예전, 문화, 그리고 자신으로부터 오는 다양한 목소리들을 들은 다음, 설교 준비의 처음 단계에서 전체 설교를 통합할 수단으로 논증을 사용할 것인지, 아니면 이야기 혹은 이미지를 사용할 것인지 결정해야 한다. 이것은 모든 본문이 이 세 가지 요소 가운데 오직 하나만을 갖고 있다는 말이 아니다. 오히려 이것은 세 가지 중에 하나의 요소가 설교 구성에 있어 주도적인 역할을 감당해야 한다는 뜻이다. 설교 준비에 관한 다음 장에서 그의 유익한 조언을 다시 다루게 되겠지만, 여기에서는 이 같은 전략이 가져오는 결과들에 주목하는 것이 중요하다.

예를 들어 우리는 다음과 같은 사실에 주목해야 한다. 즉, 이미지 전략에 기초하여 구성된 설교에서 플롯의 심화 과정을 만드는 방법은 **논증**에 기초한 설교나 **이야기**에 기초한 설교에서 심화 과정을 진행시키는 방법과 매우 다르다.

이 점에 있어서 성경 본문들에서조차 다양성이 발견되고 있다는 사실을 기억하라. 갈라디아서에서 바울은 그리스도 안에 있는 자유의 문제와 관련해서 머리가 아플 정도의 논증을 통해 서신의 플롯을 복잡하게 만들어 간다. 바울에게 있어 이것은 난투에 해당한다. 그의 열정은 그를 분노의 달변으로 부풀게 했다가 냉정한 논리로 가라앉게 하고 다시 처음으로 돌아가게 한다.

한편 예수님은 집을 떠난 아들에 관해 이야기한다. 그 아들의 여행은 기상 악화, 불량한 친구들, 이방인 농부의 돼지우리를 통해서 복잡해진다. 이것은 하나님을 목자로 묘사하는 시편기자의 그림과는 사뭇 차이가 난다. 시편기자에 따르면, 목자의 섭리적 돌봄은 푸른 초장과 쉴 만한 물가를 포함한다. 하지만 그의 실재 인식은 사망의 골짜기와 항상 현존하는 원수 등 심화를 내포하는 전망을 포함하고 있다.

이야기와 논증에 기초한 설교의 플롯은 상대적으로 이해가 쉽지만, 이미지에 기초한 설교의 경우에는 다소간 설명을 필요로 한다. 내가 볼 때, 우리는 이 부분에서 패트리샤 윌슨 카스트너(Patricia Wilson-Kastner)로부터 도움을 얻을 수 있다. 그녀의 설명에 의하면, "상(像, imagery)은 그림보다도 더 많은 것을 의미한다. 그것은 설교 안에서 묘사되고 있는 세상의 전체적인 물리적, 감각적 차원을 포함하고 있다." "상(像)은 단순한 이미지들보다 더 포괄적인 용어"이지만, 때로는 하나의 이미지가 감각적 차원을 분명하게 보여주기도 한다.[42] 예를 들면 시편기자가 사용한 '목자' 이미지가 바로 그러하다.

바울과 갈라디아 교인들 사이의 언쟁에서 비롯된 **분노**, 두 소년의 비극적 이야기에서 보여지는 예수님의 **통곡**, 시편기자의 희망을 북돋우는 **평온함** 등 우리가 상상하고 표현할 수 있는 다양한 감정들이 여기에서 발견된다는 사실을 주목하라. 이미지와 논증과 이야기의 세 가지 선택지 가운데 무엇을 기본적인 전략으로 채택할 것인지 결정하는 일은 비록 결정적이지는 않지만 부분적으로는 본문의 문학적 장르에 의존한다. 때때로 그러한 결정은 설교의 목적에 의해 결정되기도 하고, 혹은 회중의 성격에 따라 결정되기도 한다.

예를 들어 바리새인과 세리의 이야기에 기초한 헬무트 틸리케의 설교는 분명 내러티브 본문에 근거하고 있다. 하지만 틸리케의 통합 전략은 그렇지 않다. 오히려 그의 전략은 논증 형식을 채택한다. 설교자가 어떤 전략을 사용할지 어떻게 결정하는지에 관해서는 설교 준비에 관해서 다루는 다음 장에서 살펴보게 될 것이다. 지금으로서는 플롯을 갖춘 설교는 그것이 어떤 유형이든 서두의 갈등에 이어 점증하는 심화 과정이 뒤따라온다는 사실을 지적하는 것만으로 충분하다. 그리고 그 과정은 실제로 결정적인 어떤 일이 벌어지기 전까지 계속된다.

3. 갑작스런 전환

설교의 플롯에서 이 특별한 순간을 명명하는 작업은 정의의 정확성을 위해서 뿐 아니라 신학의 일관성을 위해서도 중요하다. 어떤 일이 갑작스럽게, 결정적으로 일어난다. 이것을 가리키는 전통적인 용어는 반전 혹은 갑작스런 전환을 의미하는 **페리페테이아**(peripeteia)이다. **결정적인 선회**라는 표현 역시 그 선회가 점진적이지 않는 한 이 순간을 묘사하는 데 적합할 수 있다.

플롯의 진행이 다음과 같이 시각적으로 표현되는 이유가 바로 이 때문이다.

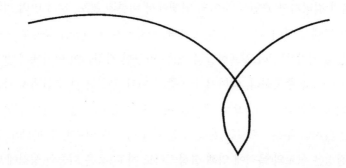

여기에서 보다시피 플롯의 라인은 항상 그 밑바닥의 한 점에서 방향의 근본적인 전환을 보여준다. 이것은 점진적으로 회전하는 완만한 커브와는 구별되는 것이다. 우리는 여기에서 갑작스런 봄에 대해서 말하고 있다. 아니, 어쩌면 그것은 갑작스런 들음이다. 로스는 비록 다른 이유에서이기는 하지만 **인식**이라는 용어를 선호한다.[43]

「설교의 플롯」(*The Homiletical Plot*)에서 나는 반전의 시기와 관련해서 설교의 플롯의 3/4 정도 되는 지점에서 이루어져야 한다고 제안한 바 있다. 그 지점에 이르기 전까지의 "과정은 점점 강하게 느껴지는 '필요성'과 더불어 모종의 해방, 혹은 잃어버린 연결 고리의 계시를 향하여 움직여 간다. 일단 그것이 드러나고 나면 사태는 전혀 다른 각도에서 이해되기 시작한다."[44]

「강단에서 시간을 따라 설교하기」(*Doing Time in the Pulpit*)에서 나는 점증하는 복잡성과 고조되는 긴장감이 어떻게 해서 이 지점, 곧 "반전을 통해 새로우면서 심오한 단순성이 혼돈을 제압하는" 지점으로 우리를 인도하는지 이야기하였다.[45] 이러한 견해는 "상황의 반전, 행동이 완전히 반대 방향을 향하게 되는 변화"에 관해서 말한 아리스토텔레스의 입장과 분명 상통한다.[46]

하지만 여기에서 우리는 몇 가지 부가적인 언급을 덧붙일 필요가 있다. 비록 결정적인 선회가 때로 이전 관점의—혹은 이전 관점이라고 여겨지던 입장의—정반대일 때도 있지만 그것이 항상 그러한 것은 아니다. 존 도미닉 크로산(John Dominic Crossan)이 "반전의 비유들"을 비유의 세 가지 유형 가운데 하나로 언급했듯이,[47] 플롯을 갖춘 모든 설교가 180도의 극단적인 반전을 수반하는 것은 아니다. 만약 우리가 **반전**이라는 용어를 극단적으로 단순화한 방식으로 사용한다면, 우리는 의도하지 않게 많은 본문들, 주제들, 경우들을 배제하게 될 것이다.

아마도 설교 과정에서 이 결정적인 순간을 이해하는 가장 좋은 방법은 **반전** 혹은 **페리페테이아**를 가장 극단적인—**순수**한 것과 구별되는—형태에서 묘사하는 것이다. 그런 다음에 우리는 이러한 갑작스런 전환이 설교 중에 적절하게 취할 수 있는 보다 덜 극단적인 형태들을 살펴볼 수 있을 것이다.

아모스 와일더의 주장에 의하면, 예수님의 비유 사용은 단순히 '훌륭한 교수법'의 문제로만 다루어질 수 없다. 오히려 그것은 "복음의 본성에 자리하고 있는 어떤 것" 때문이다.[48] 와일더는 여기에서 우리의 삶이 플롯의 성격을 가지고 있다는 사실을 언급한다. 예수님의 비유들은 계시적 기능을 가진다. **발견**이라는 용어와 달리, **계시**는 정의상 명백한 불연속성에 대한 인식을 포함한다. 계시가 발생하면 그 후에 모든 것은 새로운 의미를 가지게 된다.

복음이 세상의 "아니오."에 대한 "예."라는 말씀이 참되지 않은가? "나중 된 자로서 먼저 되고, 먼저 된 자로서 나중 되리라."[49]는 말씀 또한 참되지 아니한가? "누구든지 제 목숨을 구원하고자 하면 잃을 것"[50]이라는 말씀 역시 참되지 않은가? 비유라는 장르 자체가 계시의 이 같은 '사건적' 성격을 포착하고 있다. 실로 선한 사마리아인의 비유는 두 번의 반전을 포함하고 있다. 첫 번째 반전은 **유대인 - 사마리아인**을 선인 - 악인이라고 보는 선입견을 뒤집어 오히려 **사마리아인 - 유대인**을 선인 - 악인으로 묘사한다. 두 번째 반전은 **이웃**의 정의와 관련되는데, 비유가 시작될 때에는 우리가 이웃이라는 개념을 통해 **구덩이에 빠져 있는 사람**을 생각하다가 비유가 끝날 때에는 **구덩이에 빠져 있는 사람을 돕는 사람**을 마음속에 품게 된다.[51]

이런 유의 놀라운 반전은 모든 유형의 일반 문학작품 속에서도 발견된다. 세익스피어의 작품을 예로 들면, 이야기가 시작할 때에는 맹인을 제외한 나머지 모든 사람이 시각을 가지고 있었지만, 이야기가 끝날 때에는 모든 사람이 눈이 멀어 있고 오직 맹인만이 유일하게 시각을 가지고 있다. 마찬가지로 예수님께서 안식일에 나면서부터 눈먼 자 된 사람을 고친 이야기를 보면, 그 이야기가 끝날 때 한 종교지도자가 다음과 같은 질문을 던진다. "우리도 역시 눈먼 자들인가?"[52]

하지만 반전 개념을 협소하게 정의하고 있는 신학 세계 안에서만 배타적으로 작업하는 것은 힘겨울 뿐 아니라 궁극적으로는 전체 복음에 해를 가할 수도 있다. 적어도 나에게는 그렇게 보인다. 그리스도와 세속 문화를 양자택일적으로 구분하는 것은 예수님을 오늘날의 열심당원으로, 교회를 게토로 만드는 처사에 해당한다.

열심 있는 제자들이 사마리아 마을에 불을 내려달라고 간구했을 때, 예수님은 즉각적으로 그들을 책망하셨을 뿐 아니라 나아가 사마리아인이 영웅임을 보여주는 비유를 말씀해 주셨다. 양자택일적인 사고는 그들에게 날카로운 정의의 용이함과 즉각적인 확신의 즐거움을 가져다줄지 모른다. 그리고 그런 사고는 언제나 시를 파헤친다. 하지만 세상은 언제나 그렇게 명확하지 않다. 신비의 가장자리에서 춤추는 것은 전혀 다른 문제이다. 그것은 더 큰 겸손으로 점철되어 있다.

또한 설교 구성의 모든 모델은 널리 사용될 수 있을 정도로 충분히 유동적이어야 하지만, 동시에 명확성을 잃어버릴 정도로 지나치게 일반적이어서는 안 될 것이다. 어떤 설교들은 실제로 갑작스런 전환의 지점에서 극단적인 반전을 선보이기도 한다. 하지만 대부분의 설교들은 그렇게 극단적이지 않다. 중요한 것은 그 같은 선회가 충분히 결정적이어서 이전의 견해로 되돌아갈 수 있는 길이 없도록 만드는 것이다. 예를 들면 바디매오를 치료하신 다음 예수님은 그에게 "가라."고 말씀하신다. 하지만 그는 자신이 평소에 지내던 여리고 도상의 한 지점으로 돌아가지 않는다. 그는 **가지 않고** 오히려 **따라온다.** 그는 예수님을 따르는 무리에 합류한다. 그리고 아마도 그는 예루살렘에까지 예수님을 따라왔을 것이다.[53] 바디매오 이야기 안에는 또 다른 결정적인 선회가 있다. 이제 바디매오는 볼 수 있다. 더 이상 보지 않을 수 없다. 예수님이 십자가를 향하고 있을 때에도 말이다. 그 같은 전환은 근본적이긴 하지만 극단적인 반전은 아니다.

성경 이야기의 맥락 밖에서도 우리는 결정적인 선회가 발생하는 것을 확인한다. 우리는 이 장에서 앞서 무감정과 그것의 원인에 관한 문제를 다루는 가운데 합리성의 전환을 살펴보았다. 내가 볼 때, 율법과 복음의 관계에 대한 바울의 이해는 다양하게 묘사될 수 있다. 한편에는 율법을 정죄의 언약으로 보는 극단적인 대립의 관점이 있고('율법의 저주'), 다른 한편에는 율법을 후견인으로 보는 보다 덜 극단적인 관점이 존재한다('그리스도가 오실 때까지 우리의 몽학선생'). 율법과 복음의 관계를 기술하는 이 두 가지 관점은 모두 바울이 쓴 동일한 서신의 같은 장에서 발견된다.[54]

어떤 성경 이야기들은 날카롭고 갑작스럽고 결정적인 일종의 전환을 내포하고 있긴 하지만, 이때의 전환은 엄밀한 의미에서 극단적인 반전은 아니다. 그럼에도 불구하고 그 전환은 우리를 과거의 인식에서부터 분리시키고 모든 것을 바꾸어 놓는 새로운 사고 방식으로 옮겨 놓는다. 예를 들어 과부의 공양에 관한 이야기는 대담한 섬김 안에 많은 상충되는 요소들을 포함하고 있다. 다른 사람들은 많이 가지고 있지만, 그녀는 적게 가지고 있다. 다른 사람들은 상대적으로 적게 내어주지만, 그녀는 자신의 모든 것을 내어준다. 다른 사람들의 재정적인 형편은 본질적으로 변화가 없지만, 그녀의 재정적인 상황은 엄청난 변화를 경험한다. 다른 사람들은 그들의 주머니를 여전히 가득 채운 채 떠나지만, 그녀는 빈 주머니를 안고 떠난다. 다른 사람들은 여전히 풍족하지만, 그녀는 지금 공허하다. 아니, 사실은 상황이 그 정반대가 아닐까? 다른 사람들의 금고는 비어 있지만, 그녀의 창고는 가득하지 않은가?[55]

다른 예로 예수님이 광야로 이끌려 가셔서 거기에서 사단에게 시험받으시는 이야기를 살펴보자. 예수님이 사단이 아니라 성령님에 이끌려 광야로 나가셨다는 기록은 이상하지 않은가? 그리고 시험들은 흔히 기대되는 바의 정반대이다. 우리의 어린 시절 설교자들이 항상 이야기하던 것과 달리, 예수님은 음탕하고 타락한 삶으로 유혹받으시는 것이 아니다. 그분은 돌을 빵으로 만들라는 요청을 받는다. 그것도 돌은 너무도 많은데 빵은 턱없이 부족한 나라에서 말이다. 여러분에게는 이것이 유혹으로 보이는가? 오히려 사역의 기회처럼 보이지 않는가?[56]

신비의 가장자리에서 춤추는 설교

신비의 가장자리에서 춤추는 설교

다시 말하지만 핵심은 전환 순간의 갑작스러움과 뒷문을 닫아버리는 통찰의 명료한 성격이다. 어떤 전환들은 극단적인 반전들이지만, 다른 전환들은 180도를 완전히 돌아서게 만들지는 않는다. 이러한 이유에서 나는 설교의 이 단계를 묘사하는 방편으로 **갑작스런 전환**이라는 표현을 선호한다. 유비적으로 말하면 이것은 탐정소설에서 범인이 지목되는 순간에 해당한다. 전형적인 발라드 A-A-B-A 형식의 흐름에서, 그것은 B와 A 사이의 순간이다. 이때 조성과 선율과 동기의 전환 후에 주제를 다시 한 번 반복하는 순간이다. 그리고 이렇게 반복되는 주제는 그것이 방금 지나온 과정을 통해 바뀌어져 있다.

한편 나는 이 같은 반전의 시기가 중요하다고 생각한다. 이전 글에서 나는 이러한 선회가 설교의 3/4 지점에서 일어나야 한다고 제안했다. 아마도 5/6 지점이 더 나을지도 모르겠다. 드문 경우에 한해서 마지막에 그러한 전환이 있을 수도 있다. 하지만 대부분의 경우 설교자들은 그러한 전환을 너무 서둘러 도입하는 경향이 있다. 이 점에서 나는 폴 스콧 윌슨과 의견을 달리한다. 그는 설교를 반반으로 나누어 "율법과 복음 사이에 50:50의 균형"[57]을 만들어야 한다고 주장한다. 사람들이 예배 후에 복음에서 비롯된 결단을 안고 돌아가야 한다는 데 대한 그의 관심은 나도 충분히 이해할 수 있다. 하지만 단어의 숫자가 적절한 측정 기준이 될 수는 없다. 충격의 질, 지각의 갑작스러움, 결정적인 통찰의 힘이 더 핵심적이다.

우리가 지금까지 살펴본 다양성, 곧 갑작스런 전환에 있어 급진성의 정도와 관련한 다양성 외에, 결정적인 선회와 관련해서 다른 종류의 다양성이 존재한다. 그것은 페리페테이아, 반전 혹은 선회가 사용할 수 있는 형식들의 다양성이다.

갑작스런 전환의 수단들. 앞서 우리는 설교의 통합 전략을 분별해야 한다는 쉴라퍼의 견해를 언급하였다. 아울러 설교의 내용을 플롯의 단계를 따라 전개시킴에 있어 가능한 선택지들로 이미지, 이야기, 논증 이 세 가지가 있다는 사실도 살펴보았다. 이미지, 이야기, 논증의 동일한 세 요소들은 설교의 결정적인 페리페테이아 혹은 선회에 있어 중요한 역할을 감당한다.

플롯을 따르는 논증 설교에서는 충격적인 논리의 도입이 갑작스런 전환을 촉발하고, 플롯을 따르는 이미지 설교에서는 상(象)의 신선한 전환이 전환을 야기할 것이라고 우리는 쉽게 생각할 수 있다. 실제로 흔히 이런 식으로 전환이 발생한다. 하지만 항상 그러한 것은 아니다. 때로는 결정적인 이미지가 추론 과정에 전환을 가져오기도 하고, 논리의 도입이 이야기 전개를 반전시키기도 한다.

예를 들면 야곱 내러티브의 이야기 전개 과정은 그 자체로 너무도 흥미롭기 때문에 야곱에 대한 설교는 대체로 **이야기**를 통합 전략으로 채택할 가능성이 높다. 하나의 사기행각에서 다른 사기행각으로의 이동은 야곱이 자신의 길을 계속해서 내리 달리도록 하는 데 있어 탁월한 방법이다. 처음에는 장자상속권 문제에서 시작해서, 다음에는 아버지의 축복을 받는 일로, 그 다음에는 마찬가지로 교활한 사기꾼 라반 삼촌과의 갈등으로, 그리고 마지막으로는 얍복강가의 씨름에 이르기까지 그의 이야기는 계속된다. 모든 것이 움직이고 있다. 천상에 이르는 사닥다리에 있던 천사들도 포함해서 말이다. 이 과정 중에 야곱은 심지어 하나님마저도 기만하려 한다.

하지만 씨름을 마친 다음 동이 텄을 때 거기에 하나의 이미지, 그림이 등장한다. 이제 이스라엘이라는 이름을 갖게 된 야곱은 절뚝거리면서 걷는다. 그리고 절뚝거림은 실제 일이다. 앞서 그는 다른 모든 사람들을 두 부류로 나누어 자기보다 먼저 강 건너편, 곧 형 에서가 사는 편으로 보내고 자신은 안전하다고 판단되는 강 이편에 남아 있었다. 성난 자신의 형이 앞서 보낸 모든 사람들을 죽인 다음 자신을 만나도록 하기 위해서였다. 그런데 이제 그는 아침을 맞아 절뚝거리며 걸어서 앞서 보낸 두 무리를 지나친다. 자신의 형 에서와 그의 사백 군사를 맨 먼저 만나는 사람이 되기 위해서이다.

여기에서 극적인 반전은 절뚝거림을 통해 이루어진다. 그는 수년 동안 뼈가 부러진 사람으로 살아왔다. 하지만 이제 그는 온전해졌다. 느리게 절뚝거리며 걸을 수 있을 정도로 충분히 온전해졌다. 절뚝거림의 이미지가 결정적인 선회를 가능하게 한다.

마찬가지로 포도원의 일꾼들에 관한 나의 설교는(이 설교의 사본은 「어떻게 비유를 설교할 것인가」〈How to Preach a Parable〉에 실려 있다.) 설교의 갑작스런 전환을 위한 수단으로 개념, 곧 일종의 논증을 활용한다. 일찍부터 포도원에서 일한 일꾼들은 명백한 불의를 보고서 정당한 이유에서 화를 낸다. 나는 그들의 상황을 충분히 고려한 다음 모든 것을 바로 보게 만들 수 있는 어떤 요소를 찾아 나섰다. 어떻든 나는 주일 설교에서 예수님께 맞서고 싶지는 않았기 때문이다. 분명 이 당황스러운 장면을 새롭게 보게 해 줄 열쇠가 있을 것이라고 나는 믿고 있었다.

나는 이전 장에서 일종의 '틈'을 찾아내었다. 거기에서 시몬 베드로는 다음과 같이 말한다. "우리가 모든 것을 버리고 주를 좇았사오니 그런즉 우리가 무엇을 얻으리이까?"[58] 이 본문과 대화하는 가운데, 불현듯 내 마음 속에 계약과 언약 사이의 차이점이 나의 설교에 결정적일 수 있다는 생각이 떠올랐다. 일반 사전에서 두 용어는 거의 동의어처럼 묘사되고 있지만, 실제 삶에서는 전혀 다른 의미를 갖고 있다(예를 들면 차를 사는 것과 결혼하는 것 사이의 차이점을 생각해 보라).

비록 내가 **계약**과 **언약**이라는 용어 대신 **사업상의 거래**와 **가족**이라는 이미지를 사용하긴 했지만, 어떻든 그 개념 덕분에 나는 설교의 플롯 전개에 전환을 가져올 수 있었다. 비록 이것은 극단적인 반전은 아니지만, 근본적인 전환에 해당한다. 여기에서 요점은 추론적 사고가 이야기 전개 과정에 전환을 가져오는 방식에 주목하는 것이다.

'인식'이 복음의 전유에 기본적인 요소라는 로스의 주장을 받아들인다고 할 때, 때로는 이야기가 강력하고 신선한 형태 안에서 나타나는 진리에 의해 갑작스럽게 사로잡히는 경험을 가능하게 하곤 한다. 토니 크레이븐이 인용한 제임스 폴 기(James Paul Gee)의 말은 이야기 말하기가 어떻게 사건을 실제적으로 만드는지 주목하게 한다. 예를 들어 기(Gee)의 주장에 따르면, 중세 이슬람 역사학자들은 **십자군**이라는 용어를 사용하지 않았다. 왜냐하면 "십자군과 같은 사건은 발생하지 않았기" 때문이다.[59] 십자군들은 십자군들이 아니었다. 하지만 1940년대 중반에 들어서 '아랍의 저술가들은' 수세기 동안 지속된 식민주의에 대한 새로운 인식에 기초하여 "다른 이야기를 말하기" 시작했다.[60] 기의 분석에 따르면, 일단 내러티브 패턴이 인정되는 곳에서는 십자군이 다시 살아났다.

가브리엘 팍커(Gabriel Fackre)는 내러티브 신학에 대해서 글을 쓰는 가운데 이야기의 세 가지 단계를 구분한다. 그것은 정경의 이야기(canonical story), 삶의 이야기, 공동체의 이야기이다.[61] 내가 볼 때, 이야기의 이 세 단계들, 곧 정경, 삶, 공동체의 상호 결합은 교회 일반에 뿐 아니라 특별히 설교에 중요한 의미를 갖는다. 목사가 설교의 통합 전략으로 이야기나 논증이나 이미지 가운데 무엇을 선택하든지 간에, 그 목적은 결국에 크래독이 "인식의 충격"[62]이라고 불렀던 사건을 촉발하는 갑작스런 전환을 불러일으키는 데 있다. 설교의 기본 전략이 무엇이든 간에 때로는 이야기가 그것을 가능하게 하곤 한다. 그런 사건이 발생할 때 갑작스런 전환도 발생한다.

갑작스런 전환과 복음의 관계. 이 장에서 우리는 지금까지 플롯을 가진 설교가 어떻게 최초의 갈등 혹은 모순에서부터 시작해서 점증하는 심화의 과정을 거쳐 모든 것을 바꾸어 놓는 갑작스런 전환 혹은 전복의 단계에 들어서는지 살펴보았다. 다른 곳에서 나는 이러한 플롯 형식을 가려움에서 **긁음으로의 움직임**이라고 묘사한 적이 있다.

다른 한편 우리는 최종적인 해결 혹은 해소를 향하는 설교의 진행이 예수 그리스도의 복음의 선포를 중심으로 형성된다는 사실을 알고 있다. 우리의 과제는 단순히 도덕적인 권면을 하거나 예수님이 원하신다는 이유로 사람들이 더 잘 행동하도록 끈질기게 간섭하는 데 있지 않다. 그것은 나쁜 소식에 기초한 것이다. 반면 우리는 여기에서 좋은 소식에 대해 이야기하고 있다. 물론 복음이 우리에게 요구하는 것이 없다는 말은 아니다(여기에 관해서는 이 장의 다음 단락에서 살펴볼 것이다). 다만 복음의 요구는 약속에 근거한 요구라는 사실에 주목해야 한다. 그리스도의 복음에 기초한 **직설법** 없이는 **명령법**도 존재하지 않는다. 그렇지 않다면 우리의 메시지는 다만 순종의 윤리만을 강요하게 될 것이다. 이러한 이유에서 윌슨은 율법에서 복음으로 나아가는 것에 대해 말한다.

따라서 우리가 다루어야 할 질문은 이것이다. 플롯의 전개 과정 가운데 어디에서 어떻게 복음의 직설법이 나타나야 하는가? 플롯의 전개는 다음과 같은 그래프로 진행된다.

갈등	→	심화	→	갑작스런 변화	→	해소

그렇다면 복음은 어디에서 나타나야 하는가?

「설교의 플롯」을 쓸 때에만 해도 이 질문은 나에게 지금보다 좀 더 단순하게 보였다. 당시 나는 플롯의 과정 속에 네 단계가 아니라 다섯 단계를 설정하고 있었다. 그것은 다음과 같은 그래프로 표현된다.

이런(Oops)! →	우(Ugh)! →	아하(Aha)! →	와우(Whee)! →	예(Yeah)!
평정을 깨기	모순을 분석하기	해결의 단초를 드러내기	복음을 경험하기	결과를 예기하기

흔히 여기에 묘사된 이 과정은 정확하게 맞아떨어진다. 말하자면 당시
내가 "모순을 분석하기"라고 명명한 심화의 단계는 종종 "왜?"라는 질문
은 던지는 분석적 작업을 수반한다. 만약 우리가 무감정을 설교 주제로 설
정하고 동시에 무감정이 일반적으로 '염려하지 않음'이 아니라 '지나치
게 염려함'에서부터 비롯된다는 사실을 깨닫게 된다면(통상적인 인과관계의
역전), 그래서 설교의 초점이 실패에 대한 두려움으로 옮겨지게 된다면 분
석을 통한 이 같은 놀라운 갑작스런 전환은 순식간에 복음으로 인도하는
문을 열게 된다. 그것은 이제 그리스도의 사랑, 특별히 스스로를 실패자라
여기는 사람들에게 대한 그리스도의 사랑을 선포한다. 설교에서 선포되
는 복음의 약속은 이제 새롭게 형성된 미래의 가능성을 펼쳐 보이며, 그
안에서 하나님의 무조건적 사랑의 깜짝 선물은 힘을 북돋우어 주는 기적
을 연출한다. 심지어 미래의 실패를 두려워하지 않고 뛰어들게 만드는 힘
을 우리에게 제공한다.

바리새인과 세리에 관한 헬무트 틸리케의 설교는 성경 이야기를 활용
하는 가운데 기본적으로 동일한 플롯 전개를 보여준다. 틸리케는 먼저 피
상적으로 볼 때에는 지극히 단순한 그 이야기가 실제로는 그렇게 단순하
지 않다는 사실과(이런!), 실제로 바리새인이 그가 생각한 만큼 좋은 사람이
었고 세리는 그가 고백하는 만큼 나쁜 사람이었다는 사실을(우!) 지적하면
서 청중의 관심을 사로잡은 다음, 그는 질문을 던진다. 어떻게 '악한' 사
람이 의롭다 함을 받고 집으로 돌아갈 수 있었는가?(복잡성의 심화) 여기에서

플롯의 전개 과정은 쉽게 식별할 수 있다. 바리새인과 세리 사이의 차이점과 공통점에 대한 상세한 설명으로 청중을 인도한 다음, 마침내 그는 "우리가 명백한 진리에 당도했다."고 말한다.[63] 청중 가운데 **"아하!"**라는 안도의 외침이 터져 나온다. 그렇다면 그 명백한 진리란 무엇인가? 그 진리는 이것이다. "만약 여러분이 여러분 자신을 알고자 한다면 여러분은 잣대를 가져야 한다. 그런데 바리새인은 하나님 앞에서 자신의 위치를 점검하고자 하면서 아래를 내려다보면서 자신을 평가한다."[64] 빙고!

만약 스스로를 낮게 여기기 위해 아래를 내려다보는 것이 문제라면, 우리는 이제 복음의 선포로부터 멀리 떨어져 있지 않다. 복음은 하나님의 믿을 수 없는 은혜로운 사랑이 그처럼 아래를 내려다보는 시선을 불필요하게 만든다는 것이다. 그리스도인들은 자아를 세우기 위해 더 이상 "더 낮은" 사람들을 쳐다볼 필요가 없다. 이로써 자기부정의 짐이 해결되었기 때문에 이제 삶은 전혀 달라질 수 있다. 지금 소개한 두 가지 경우 모두 분석의 갑작스런 전환이 해결의 결정적 실마리를 제공한 직후에 복음을 도입하고 있다는 사실을 주목하라.

하지만 불행하게도 설교의 모든 본문들과 주제들이 이러한 방식을 따르지는 않는다. 예를 들어 (다시 한 번 내가 「어떻게 비유를 설교할 것인가」에서 다룬 내용을 따라가면) 포도원 농부의 비유에서는 그 전개 양상이 사뭇 다르다. 심화 과정의 분석은 갑작스런 전환으로 연결되지 않는다. 오히려 그것은 사태를 더욱 곤란한 딜레마적 상황으로 이끌어 간다. 상대적 정의의 문제를 더 깊이 다루면 다룰수록, 영웅(포도원 주인)은 마지막에 온 사람에게 처음으로 수당을 지급하는 지독한 사람이자 명백히 비윤리적인 사람일 뿐 아니라 실로 어리석은 사람이다. 이튿날 오전 6시 45분에 그가 일꾼들을 고용하기 위해 인력시장에 나간다면, 아무도 그를 기다리고 있지 않을 것이다. 오후 4시 45분쯤 되어야 일꾼들이 모습을 **드러낼 것이다.**

　여기에는 갑작스런 전환이 없다. 내가 갑작스런 전환을 발견한 것은 오히려 바로 이전 장에서 시몬 베드로가 이기적인 질문을 던지는 장면을 묵상하면서였다. "우리가 모든 것을 버리고 주를 좇았사오니 그런즉 우리가 무엇을 얻으리이까?" 나는 이 이기적인 질문에 대하여 유일하게 적절한 대답이 오직 "그럼, 네가 속은 것이다."라는 사실을 깨달았다. 하나님 나라를 사업상의 거래로 생각할 정도로 아둔한 사람은 방향감각을 상실한 사람들이다. **"아하!"** 는 우리가 어떤 **의무**를 감당하도록 요청받고 있지 않다는 사실을 깨닫는 가운데 터져 나온다. 우리는 하나님의 가족으로서 집으로 초청받은 것이다. 이제 상황은 전혀 다르다. 근본적으로 다르다. 갑작스런 전환이 먼저 일어나서 복음의 문을 연 것이 아니라는 사실에 주목하라. 오히려 여기에서는 갑작스런 전환이 곧 복음이다. 따라서 우리가 처음 다룬 (무감정과 바리새인/세리에 관한) 두 편의 설교의 진행은 다음과 같은 그래프로 표현할 수 있겠지만,

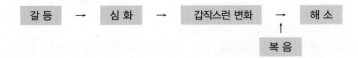

포도원 일꾼들의 예에서는 아래의 그래프가 더 정확한 표현이다.

갈 등	→	심 화	→	갑작스런 변화	→	해 소
				↑		
				복 음		

복음을 도입하는 시기와 관련해서 세 번째 가능성도 생각해 볼 수 있다. 앞서 우리는 소경 바디매오의 이야기를 살펴보았다. 눈이 먼 것과 그것이 수반하는 사회적 소외가 최초의 **갈등**이다. 그가 자비를 구하며 소리치는 것, 마을사람들이 그에게 입을 닫으라고 말하는 것, 예수님이 그에게 무엇을 원하는지 묻는 것 등이 (비록 충분하게 명료한 것은 아니지만) 심화의 과정을 **구성**한다. 기본적인 복음이 별다른 선전이나 갑작스런 전환 없이 곧바로 따라 나온다. 그리고 **갑작스런 전환**은 그가 여리고에 있는 자신의 처소로 돌아가지 않고, 대신 예수님을 따라 예루살렘을 향하는 무리에 참여하는 데서 발견된다. 말하자면 이 경우 플롯의 진행은 다음과 같이 그래프화할 수 있다.

모든 **논증** 설교가 첫 번째 모델을, 모든 **이야기** 설교가 두 번째 모델을, 모든 **이미지** 설교가 세 번째 모델을 따른다면, 그보다 더 간단한 것은 없을 것이다. 하지만 상황은 그렇게 단순하지 않다. 그렇다면 모든 **일화적** 설교도 항상 특정한 한 가지 방식으로, 귀납적 설교는 다른 한 가지 방식으로 진행해야 한다는 말인가? 물론 유형마다 고유한 경향이 있을 수는 있다.

예를 들면 일화적 유형의 설교는 흔히 설교의 결론 부분에 갑작스런 전환을 배치한다. 크래독은 종종 우리가 그의 마지막 문장이라고 기대하는 말을 내뱉기 **직전에** 강단으로부터 내려온다. 아프리카계 아메리칸 설교들에서도 역시 갑작스런 전환이 일반적으로 끝 무렵에 나타난다. 하지만 절대적인 것은 여기에 아무것도 없다(다음 장에서 우리는 이 문제에 관해 좀 더 다루게 될 것이다).

4장 I 구성 - 전략

복음을 갑작스런 전환과 연관시키는 문제는 지금 여기에서 보이는 것만큼 그렇게 복잡한 문제가 아니다. 중요한 것은 설교를 준비하는 설교자가 복음을 마지막에 선포하는 데 집중하는 것이 아니라, 결정적인 전환을 찾아나서는 데 집중하는 것이다. 일단 그것을 발견하기만 하면 그 결정적인 전환이 복음 앞에, 혹은 복음 뒤에, 혹은 복음 가운데 놓여야 하는지에 관해서는 그것 자체가 설교자에게 '말해' 줄 것이다(설명보다는 실제 연습이 더 쉽다).

이제는 플롯의 마지막을 열어젖히는 **해소**를 향해서 앞으로 더 전진해야 할 시점이다. 플롯 설교의 이 마지막 부분과 관련해서 우리는 몇 가지 상수들, 몇 가지 중요한 공통점들을 살펴보게 될 것이다. **갈등, 심화, 갑작스런 전환**, 그리고 **해소**에 이르는 플롯의 전체 과정을 일단 일별한다면, 설교 준비에 관해 다루는 다음 장에서 우리는 가능한 다양한 변형들과 관련해 보다 명확한 이해를 도모할 수 있을 것이다.

4. 해소

지금까지 우리는 설교 플롯의 처음 세 단계, 곧 **갈등**과 **심화**와 **갑작스런 전환**에 대해 살펴보았다. 그리고 복음이 갑작스런 전환과 관련해서 어떤 위치에서 등장하는지에 대해서도 고찰하였다. 이제 우리는 설교의 마지막 단계를 들여다볼 준비가 되어 있다. 일단 이 과정을 고찰하면서 이 단계를 명명하는 용어의 문제를 다루는 것만으로도 우리는 이 단계를 정의하는 것과 관련해 많은 도움을 얻을 수 있다.

「설교의 플롯」에서 나는 이 마지막 부분에 "결과들을 예기하기"라는 이름을 붙였다. 이것은 한 가지 작은 문제만 제외하면 매우 적절하고 정확한 표현이라고 생각한다. **결과들**이라는 용어는 다소간 불필요한 짐을 안고 있다. 나는 어린 시절 나의 부모님들이 종종 결과들을 언급했던 것을 기억하고 있다. 그때의 결과들은 한 번도 즐거운 것이었던 적이 없다. "결과들을 예기하기"라는 표현을 통해 내가 실제로 의도했던 것은 인간의 딜레마와 복음의 약속이 만날 지점에서 그 미래의 결과를 예기하는 것이었다. 바울은 그 같은 상호 작용에 결과들이 따른다는 사실을 이해하고 있었다. "그럼, 우리가 이 일들에 관해 무슨 말을 하리요?"[65] 그의 대답은 "하나님이 우리를 위하시니, 누가 우리를 대적하리요?"였다.[66] 질문의 형식은 무한하다. 무슨 일이 있어야 하는가? 이제 무엇이 가능한가? 브루그만은 이것을 놀라울 정도로 "기이한 초청"[67]으로, 동시에 "새로움을 향한 개방"[68]으로 이해한다.

플롯의 이 결론적 부분에 관한 전통적인 전문 용어는 **대단원**(denouement)이다. 이 용어의 실제 의미는 '풀어헤침'(unraveling)이다. 그것은 플롯의 풀어헤침이 아니라, 플롯이 만들어 낸 긴장감의 풀어헤침을 의미한다. 이것은 적절한 묘사이다. 훌륭한 플롯은 긴장감과 기대감과 놀라움을 고조시킨다. 마침내 사태가 **해결**(resolution; 이것은 또 다른 적절한 표현이다.)의 국면에 접어들 때 긴장이 해소되면서 역동적 평형의 새로운 상태가 등장한다.

하지만 여기에서 **평형**(equilibrium)이라는 단어의 정의는 주의를 요구한다. 여기에서 우리는 비활동성, 혹은 상충하는 세력들의 힘이 균형을 이룰 때 발생하는 정지 상태에 관해 말하고 있는 것이 아니다. 우리는 큰 걸음을 내딛으며 달리는 선수의 평형 상태에 관해서 말하고 있다. 이 단계는 냉담한 전투에 의해 더 이상 방해받지 않는 에너지의 궁극적인 균형을 포함하고 있다. 이제 우리는 미래로 나아갈 준비가 되어 있다. 이제 우리는 바울과 함께 다음과 같이 고백할 수 있다. "자기 아들을 아끼지 아니하시고 우리 모든 사람을 위하여 내어주신 하나님이 어찌 그 아들과 함께 모든 것을 우리에게 은사로 주시지 아니하시겠느뇨?"[69] (여기에서 우리는 미래를 향해 몸을 구부리고 큰 걸음을 내딛는 바울의 리듬을 느낄 수 있다.)

한편 해결의 의미가 이제 세상 안에 모든 일이 잘 돌아가고 안식할 수 있다는 뜻으로 이해되어서는 안 된다. 어떤 사람들은 플롯이 궁극적으로 값싸고 행복한 해답, 모두가 행복한 잠자리에 들 수 있게 만드는 해답을 제시한다며 성급한 우려를 토로하기도 한다. 하지만 브라운이 지적하듯이 복음은 "복잡한 문제를 정복하는 것"과는 아무 상관이 없다. 오히려 복음은 "그것을 견뎌내는 것"과 관계한다.[70] 설교자가 의도하는 것은 브루그만이 적절하게 표현하듯 "낡은 세계를 열어젖히는"[71] 순간을 불러일으키는 것이다. 설교의 마지막 단계는 실제 세계를 미래를 위한 무대로 만들며, 악몽에 맞설 힘과 잠자리의 취약성을 무릅쓸 수 있는 신뢰를 주고자 한다. 바울의 고백은 계속된다. "누가 우리를 그리스도의 사랑에서 끊으리요? 환난이나 곤고나 핍박이나 기근이나 적신이나 위협이나 칼이랴?"[72] 이렇게 저렇게 약속은 매 설교마다, 매 본문마다, 매 상황마다 계속해서 선포된다. 결국 바울의 고백처럼 "이 모든 일에 우리를 사랑하시는 이로 말미암아 우리가 넉넉히 이기느니라."[73]

내가 **해소**(unfolding)라는 단어를 선택한 것은 설교의 마지막 단어들에서 다시금 선포되는 약속의 확실한 기운을 포착하기 위해서이다. 말하자면 이것은 이전에 나타난 가려움에 대한 긁음, 곧 복음에서 비롯된 긁음에 해당한다.

맨 처음 갈등에 의해 촉발된 긴장이 심화 과정을 통해 악화된 다음 마침내 복음의 능력 안에서 극적인 전환을 거쳐 가라앉게 된 지금, 이제 설교를 위해 남은 시간은 그렇게 많지 않다. 적어도 우리는 설교의 3/4 지점에 와 있다. 어쩌면 이제 단지 서너 문장만 남겨 놓고 있는지도 모른다. 이 모든 것은 물론 다른 무엇보다도 본문과 문제의 특수한 성격에 따라 결정된다.

이때에는 매우 경제적인 단어 사용이 필수적으로 요청된다. 이제 긴장이 가라앉았기 때문에, 청중은 더 이상 새로운 소재들을 많이 소화할 준비가 되어 있지 않다. 오히려 지금은 "청중 안에 새로운 가능성"[74]을 예기하는 복음의 예언자적, 시적 선포에서 주장되는 우리 존재의 결과들을 신속하게, 그리고 강력하게 선언해야 한다.

동시에 설교자는 복음의 직설법적 약속에 병행하는 명령법적 주장들을 선포해야 한다. 이제 고침 받은 바디매오는 앞을 보아야 한다. 다른 선택의 가능성은 없다. 그가 이제 볼 수 있다는 것은 놀라운 기적이다. 이때의 **명령법**은 **직설법**의 등 뒤에 올라타는 것과 거리가 멀다. 이것은 자가당착적인 "조건적이면서ー동시에ー무조건적인 은혜"와 상관이 없다. 이것은 단순히 연속적이고 순차적이다. 앞을 못 보던 눈이 다 나은 이상, 이제 공동체는 우리가 생각할 수 없었던 훨씬 더 아름다운 것들과 아울러 우리의 못난 두려움보다 더 추한 것들을 볼 수 있게 되었다. 바울은 로마의 교회에 보내는 자신의 편지를 마무리하기 전에, 다음과 같이 미래를 열어젖히는 주장을 펼친다. "그러므로 형제들아, 내가 하나님의 모든 자비하심으로 너희를 권하노니, 너희 몸을 하나님이 기뻐하시는 거룩한 산 제사로 드리라."[75]

우리는 이것을 "미래에로의 정착"이라 이름붙일 수 있을 것이다. 여기에서 초점은 예기되는 발생, 상상되는 결과, 은혜로운 권유, 기대되는 응답, 결과적인 개화, 놀라운 해방, 예상 밖의 만발 등이다. 실로 해소이다. 여기에서 설교자들이 직면할 수 있는 가장 흔한 유혹은 복음이 인간의 삶과 만날 때 비롯되는 이 같은 결과들에 관해 지나치게 많은 말을 내놓는 것이다.

설교자들은 흔히 자신의 설교의 질과 완성도에 대해 의문을 가진다. 그래서 자신이 풀어 놓았던 것에 대해 설명해야 할 의무감을 느끼곤 한다. 염려하는 마음에 우리는 적절한 적용을 위해 이러한 구체적인 결과 혹은 이러한 네 가지 장소들을 제시하기도 하고, 우리의 신앙을 위해 가장 중요한 도전 두 가지를 덧붙이기도 한다. 회중은 이러한 의무의 나열을 불필요한 반복이라고 느끼며, 동시에 설교의 완전성이 도중에 의문에 붙여지게 되었다는 생각을 하게 된다. 한 배우가 나에게 이런 말을 한 적이 있다. 연극이 힘이 있을 때에는 사람들이 건물을 둘러보는 데 관심이 없다고.

프래드 크래독은 이 같은 놀라운 되돌아감의 방법을 알고 있었다. 나는 이것을 "절반의 반복"(a half-reprise)이라고 부른다. 점증하는 예기로부터 인식의 충격을 지나는 설교의 진행 과정 속에서 복음의 선포를 통해 만족을 가져다준 다음, 그는 요구 사항, 곧 인간의 응답에 대한 요청을 설교 중에 명료하게 언급한다. 하지만 흔히 그는 그것으로 설교를 마치지는 않는다.

설교자가 복음이 명확하게 선포된 이전 부분으로 돌아가지 않는 한 설교는 완전해지지 않을 것이다. 큰 재주 공연을 마무리하는 대목에서 어떤 사람이 "한 번 더"를 외칠 때와 같이, 설교자는 복음을 선포하던 대목의 한 구절을 솜씨 있게, 가볍게, 적절하게 앞서 반복한다. 이러한 반복은 메시지를 청중의 무릎 위에 우아하게 내려놓는다. 여기에서 명령법의 요구가 아니라 직설법의 약속이 반복되고 있다는 사실에 주목하라.

이 마지막 부분을 어떻게 구성하느냐는 물론 본문과 이슈, 설교자와 상황에 따라 다르다. 하지만 동시에 그것은 쉴라퍼가 지적한 통합 전략의 유형에 따라 달라진다. 쉴라퍼는 논증과 이야기와 이미지 가운데 무엇을 전략적으로 선택하느냐에 따라 설교자와 회중의 관계가 다르게 설정된다는 사실을 예리하게 지적한다.

그의 분석에 따르면, **논증** 설교에서는 설교자와 회중이 서로 마주보면서 대화를 하는 것처럼 보인다. 반면 **이야기** 설교에서는 설교자와 회중이 나란히 길을 걸으며 함께 여행을 떠난다. 마지막으로 **이미지** 설교에서는 설교자가 회중 뒤에 서서 이미지를 손으로 가리키고 있다.[76] 결과적으로 우리는 보다 논리적인 설교의 결론 부분에서는 왼쪽 뇌의 합의에 기초한 악수를 상상할 수 있을 것이다. 그리고 이야기에 기초한 설교에서는 설교자와 회중이 손을 맞잡고 걸어가는 장면을 볼 수 있을 것이다. 마지막으로 이미지 설교에서는 설교자와 회중이 이미지에 바짝 다가서는 바람에 서로 분리되어 있다는 의식을 상실하고, 비바스(Vivas)가 말한 "자동사적인 (intransitive) 주목"[77]에 사로잡히게 될 것이다.

플롯 설교의 마지막 부분에 관한 우리의 논의를 마무리하기 전에 매우 유사한 한 쌍의 용어들이 어떻게 다르게 사용되고 있는지 주목할 필요가 있다. 여러분은 내가 2장에서 설교 과제가 지향하는 목표로서 선포와 관련하여 **환기**(evocation)라는 단어를 사용했다는 사실을 기억할 것이다. 이 단어를 사용함으로써 내가 말하고 싶었던 것은 우리가 설교의 결과를 통제할 수 없다는 사실이다. 당연히 우리는 최선을 다한다. 하지만 하나님의 말씀과 관련해서 우리는 기껏해야 잠정적인 작업을 할 뿐이다. 확실한 작업은 성령님께서 하신다. 우리의 과제는 선포가 일어날 가능성을 극대화하기 위해 노력하는 것이다. 우리는 우리의 의지로 선포를 일으킬 수 없기 때문이다.

설교의 정점을 암시하는 **해소**라는 용어도 이와 매우 유사한 뉘앙스를 풍긴다. 하지만 환기와 달리 **해소**라는 용어의 맥락은 설교가 희망하는 목표가 아니라 설교 자체에서 발견된다. 궁극적으로 미래를 향해 움직여 가는 것은 우리가 예술가로서 구성해 낸 플롯이다. 설교를 마무리짓는 순간을 가리키기 위해 **해소**라는 용어를 사용하는 것은 구성된 사고 운동이 어떻게 또 어떤 순서로 일어나길 우리가 의도하고 있는지 가리키기 위해서이다. 반면 **환기**는 우리가 기도하는 가운데 하나님의 은혜로 말미암아 궁극적인 결과로 나타나길 소망하는 바를 가리킨다. 따라서 "과제-목표"라는 제하의 장과 지금 이 장에서 사용된 용어들을 조합하면 다음과 같은 조합이 도출된다.

해소가 설교의 **과제**와 관계한다면,

환기는 설교의 **목적**과 관계한다.

그래디 데이비스가 설교를 나무에 비유했다는 사실을 우리는 기억하고 있다. 이 같은 이미지는 플롯이 펼쳐진다는 말의 의미를 분명하게 해 준다. 고유한 생명과 힘을 가진 자생적인 사고가 있는 곳에서 설교가 일어난다고 본 그의 통찰을 상기할 때, 우리는 설교 작업에 있어 협력의 양태를 인지할 수 있다. 설교자는 본문에 기초하여 갈등을 지적하고, 이어서 그 갈등이 더욱 복잡하게 되도록 돕는다. 그의 바람은 갑작스런 전환과 해소의 때가 이를 때 그 생명력이 설교자의 협력에 힘입어 고유한 방식으로 **가지를 펼치는 것**이다.

브루그만의 말을 인용하면, 우리는 "신뢰의 자유와 포기의 용기에서 마무리될지도 모르는 새로운 대화로 초청받았다."[78] "포기!" 이 강력한 표현은 엘리세오 비바스가 언급한 산파의 이미지와 기이하게 잘 맞아떨어진다. 비록 우리가 다루고 있는 생명은 우리로부터 비롯되지도 않고 우리가 통제할 수 있는 것도 아니지만, 우리의 과제는 궁극적으로 해소를 촉진하는 것이다. 그러한 신뢰의 자유와 포기의 용기가 결과적으로 복음에서 비롯된 출산으로 이어질 것을 희망하면서 말이다.

준비 – 전달

The Sermon : Dancing the Edge of Mystery

준비 – 전달

기본적인 질문은 다음과 같다. 아래의 플롯 형식을 따라 진행되는 설교를 준비하는 일에 있어 우리가 해야 할 일은 무엇인가?

갈 등	→	심 화	→	갑작스런 변화	→	해 소

이 마지막 장에서 우리는 이 질문에 대답하는 데 대부분의 지면을 할애할 것이다.

일반적으로 설교를 준비하는 과제는 **주목하기, 상상하기, 구성하기**의 일반적인 과정을 따라서 진행된다. 이 전체 과정은 다시 열 개의 구체적인 단계들로 세분화할 수 있다. 이것은 임의로 뽑아 낸 열 개의 목록이 아니라 플롯을 따른 여정으로 이해될 수 있다.

하지만 이 열 단계들을 차례로 살펴보기에 앞서, 우리는 한 가지 중요한 주의 사항을 살펴보아야 한다. 그것은 설교를 준비하는 과정이 설교자마다 다르다는 사실이다. 뿐만 아니라 한 설교자에게 있어서도 시간이 지나면 그 과정도 달라진다. 이 때문에 내가 항상 따라야 하는 혹은 항상 따르게 되는 준비 과정이 아니라, '일반적으로' 따르게 되는 준비 과정에 대해서 말하고 있다는 사실을 기억하라 (말하자면 준비 과정의 세부 단계가 열 개를 넘을 수도 있고 열 개가 되지 않을 수도 있다).

나의 친구이자 한때 동료였던 무어헤드 박사(Dr. Lee Moorehead)는 자신의 목회 활동 기간 동안 언제나 목요일 정해진 시간에 한 자리에 앉아 설교를 준비하였다. 나는 그의 그 같은 작업을 이해할 수 있다. 하지만 개인적으로 나는 그렇게 따라하지는 못한다. 내가 이 같은 방식을 추천하지 않는 데에는 몇 가지 타당한 이유가 있다. 하지만 어떻든 이 방식은 그가 목회했던 40여 년 동안 그에게 유효하게 작용했다. 내가 누구를 원망할 것인가? 그렇다고 해서 내가 준비하는 형식과 관련해 아무런 불만도 없었다는 말은 아니다. 내가 볼 때, 어떤 형식들은 효과적인 설교 작업을 방해하고, 다른 어떤 형식들은 그 과정을 촉진한다(내가 무슨 뜻으로 이 말을 하였는지는 잠시 후에 설명이 있을 것이다).

한편 비록 짧은 기간이라도 설교를 해 본 사람들은 불현듯 상상력의 불꽃이 타올라 설교를 하게 된 적이 있을 것이다. 설교를 충분히 많이 하게 되는 사람은 그런 선물을 더러 경험하게 될 것이다.

어떤 설교자들은 실제로 (언젠가 한 번) 준비 없이 한 설교가 평소 설교보다 더 나았던 적이 있다고 이야기한다(물론 이 같은 발언은 '평소' 설교에 대해 의구심을 자아낸다). 나는 항상 이와 같이 '주님을 시험하는 일'이 두 번 일어난다고 주장해 왔다. 만약 세 번째 이 같은 유혹에 굴복하는 날에는 그릇된 확신이 두 번에 걸쳐 은혜 가운데 주어졌던 아드레날린의 공급을 차단하게 될 것이다.

많은 경우 설교 준비 과정은 예를 들면 여섯 번째 단계가 네 번째 단계 앞에 옴으로써 엉키게 된다. 하지만 나는 예외가 근본 원리를 뒤집을 수는 없다고 생각한다. 예외가 경우에 따라 탁월할 수도 있지만, 규범이 없는 것은 끔찍한 일이다.

이제 내가 추천하는 단계들을 차례로 살펴볼 시간이다. 이 단계들은 일반적으로 설교자가 말씀의 선포로 이어지는 효과적인 설교의 기회를 극대화하는 일을 도와줄 것이다.

주목하기

가끔씩 회중의 상황이나 세상의 사건이 설교 준비의 출발점이 되기도 하지만 대부분의 경우 우리는 본문(들)로부터 출발한다(두 가지 경우 모두 어떻든 원리들은 동일하다).

1. 본문에 젖어들기

이상하게 들릴지 모르지만 설교 준비를 위한 최선의 방법은 다가오는 주일에 대해 생각하는 수단—목적의 합리성을 잠시 제쳐 놓는 것이다. 본문에 빠져들어라. 그것을 큰 소리로 읽어라. 그것을 듣고 보아라. 귀로 들을 때와 눈으로 볼 때 우리의 마음은 다르게 작용한다. 조용한 사색과 구두의 발설은 전혀 다른 지각적, 인식론적 실재들이다.

만약 여러분이 다른 사람의 요청에 의해 어떤 주제에 관한 여러분의 생각을 말하려고 하다가 여러분 자신이 생각하고 있다고 생각하던 그것에 관해 (수차례 말하려는 시도에도 불구하고) 자신이 명확하지 않다는 사실에 당황스러워한 적이 있다면, 그리고 만약 그 상대방으로부터 여러분이 스스로 생각하는 바를 명확하게 할 때까지 조용히 있어 달라는 부탁을 받은 적이 있다면, 그렇다면 여러분은 값진 교훈을 배웠다 말할 수 있다. 그 값진 교훈이란 일반적으로 사람들은 자신이 생각하는 바가 자신의 목소리로 말해지는 것을 듣기 전까지는 그 생각하는 내용을 알지 못한다는 사실을 가리킨다.

다시 말하지만 주일이 다가오고 있다는 사실을 잊어버리기 위해 최선을 다해라. 본문을 다양한 번역본들과 고쳐 쓴 표현들을 참고해서 반복하여 큰 소리로 읽어라. 그런 다음 그 내용을 여러분 자신의 말로 표현해 보라. 성경의 웅덩이 속으로 깊이 잠수하라. 성경말씀이 범람하도록 하라. 이때 즉각적으로 눈에 띄는 한 가지 사실은 여러분이 큰 소리로 본문을 읽을 때 여러분의 목소리가 억양을 갖게 된다는 것이다. 그리고 이 억양은 어떤 구절의 의미를 구성한다.

누가복음과 사도행전의 저자가 서문에서 쓴 글의 의도는 무엇인가? 그 것은 데오빌로로 하여금 "그대가 배운 바에 관한 사태의 진리를 **알게**" 하기 위해서인가, 아니면 "사태의 **진리**를 알게"[1] 하기 위해서인가? 둘 중에 무엇인가? 소리 내어 읽지 않는다면, 신약성경의 1/4에 해당하는 본문과 관련한 이 결정적인 질문을 결코 물을 수 없을 것이다. 성경 본문에 관한 이 같은 예비적 사고를 위한 한 가지 원리는 본문 주변을 다소 생각 없이, 그리고 목적 없이 배회하는 것이다. 왜냐하면 우리가 만약 그것을 지켜보지 않는다면 설교하는 사람으로서 우리는 단순히 본문을 취해서 그 본문의 의미를 이미 책을 열기 전에 우리가 말하려고 마음속에 갖고 있던 그것과 동일시하기 때문이다. 우리는 의혹의 이데올로기를 활용할 필요가 있다. 특히 그것을 우리 자신에게 직접 적용할 필요가 있다. 모두가 알다시피 우리는 너무도 많은 것을 알고 있다.

일반적으로 이렇게 잘 이야기하지는 않지만, 우리들 대부분은 정경 안에 정경을 갖고 있다. 흔히 우리가 직접적으로 의도하는 것은 아니지만, 그것은 본문과 우리에게 작용하기 시작한다. 우리가 그것을 조정하지 않는 한 그것은 너무도 잘 작용한다. 이것은 우리가 모종의 더 우월한 중립적 입장을 취할 수 있다는 것을 의미하지는 않는다. 그러한 중립적 입장은 존재하지 않는다. 설혹 존재한다 하더라도 그것이 더 우월하다는 평가를 받을 수는 없을 것이다. 데이비드 바틀렛의 말에 의하면, "우리가 설교와 관련해서 알고 있는 확실한 한 가지 사실은 아마도 설교가 관점을 갖고 있다는 점이다. 텍스트를 해석하는 다른 모든 사람들과 마찬가지로 설교자는 자신의 역사, 편견, 희망, 두려움을 설교에 가지고 간다."[2] 만약 바틀렛의 말이 옳다면 요점은 무엇인가? 우리는 편견을 갖고 있다(이것을 가진 사람은 항상 '헌신'이라는 표현을 쓴다). 그리고 그 편견은 작용한다. 이것은 상황이 전개될 때 자연스럽고 불가피한 길이 아닌가? 그렇지 않다. 물론 중립적인 입장은 없다. 그리고 우리는 종종 우리가 어떤 편견을 갖고 있는지 인식하지 못한다. 하지만 어떤 사람이 자신의 편견 혹은 헌신이라고 알려진 것을 어떻게 다루느냐 하는 문제는 극히 중요하다. 신학적, 성경학적 해석 원리에 대해 자의식이 없는 설교자보다 더 나쁜 경우는 그러한 원리를 전혀 갖지 않고 있다고 주장하는 설교자이다. "나는 성경을 해석하지 않는다. 다만 그것을 설교할 뿐이다."

반대로 우리는 특정한 관점을 얼마간 의심하는 자아의 감시 하에서(즉, 그것이 자동적으로 작용하지 않게 하는 선에서) 갖고 있을 수는 있다. 훌륭한 형사는 아직까지 알려지지 않은 실마리에 자신을 개방할 수 있을 만큼 충분히 오랫동안 자신의 가정과 헌신을 중지시키거나 의문에 붙이는 법을 알고 있다.

설교 준비 과정의 이 첫 과정에서 중요한 것은 운전석에서 벗어나기 위해 가능한 모든 수단을 강구하는 것이다. 내가 **주목하기, 젖어들기** 등의 단어들을 사용하는 이유도 바로 이 때문이다. **전달하다**(communicate)라는 단어의 고대 의미는 이것을 훌륭하게 잘 표현하고 있다. 그것은 '관여하다 혹은 참여하다'라는 뜻을 갖고 있었다.[3] 이야기 전개 속으로, 이미지 안으로, 논증 속으로 빠져들고 거기에서 배회하라. 긴장을 풀고 느껴보라. 그리고 훌륭한 목사는 단지 본문 주위만 배회하지 않고 성도들의 모임, 문화, 예전 주위도 함께 서성거린다. 자신의 의제에 자의식을 갖게 되는 것, 우리 마음속에 자리잡고 있는 깊은 확신을 일시적으로 괄호 안에 묶어두는 것, 자동적인 반작용의 굴레에서 벗어날 수 있는 행동들을 찾는 것 등은 새로운 말씀을 들을 수 있는 자유를 발견하는 데 있어 유용한 도움이 될 수 있다.

이쯤 되면 이미 독자들 중에는 내가 설교의 진행에 대해 가려움에서 긁음으로 움직인다고 말했듯이, 설교의 준비 역시 가려움에서 긁음으로 움직인다고 생각하는 사람들이 있을 것이다. 우리는 자유로워지기 위해, 열려지기 위해, 불안정해지기 위해 노력하고 있다. 실제로 이때 얼마간의 **혼동**은 매우 유용한 도움이 될 수 있다.

이상하게 보일지 모르지만 주일을 준비하는 가장 짧은, 그러면서도 가장 효과적인 길은 불필요한 우회로처럼 보이는 힘겹고 혼돈스럽고 불확실한 영역으로 돌아가는 데서 시작한다. 파블로 피카소가 언젠가 말했듯이 모든 창조 행위는 우선적으로 '파괴 행위'가 아닌가? 만약 우리가 절대 균형을 잃어버리지 않으려 한다면 결코 한 걸음도 내디딜 수 없을 것이다.

2. 고민거리를 찾기

이 제목이 과장되었을 수는 있어도 그렇게 많이 과장된 것은 아니다. 일단 본문에 젖어든 다음에 우리는 곁길로 벗어나야 한다. 말하자면 특별한 점, 본문구절에서 자연스럽게 흐르지 않는 것처럼 보이는 부분이나 문제의 소지가 있는 예수님의 견해, 혹은 충분히 인정될 만한 바리새인의 의견 등을 찾아야 한다.

여기에서 데이비드 바틀렛은 바람직한 태도의 모델을 제공해 준다. 우리는 그가 한 다음의 말을 주의해서 들어야 한다.

아마도 로마서를 제외한 바울의 나머지 모든 편지들은 대화의 한쪽 측면, 우리가 들어야 하는 유일한 측면을 이야기한다. 바울을 읽는 것은 얼마간 전화 통화의 한쪽 끝에서 들려오는 목소리를 듣는 것과 비슷하다. "너희 어리석은 갈라디아 사람들이여"라고 바울은 말한다. 하지만 그들이 이런 말을 들을 만한 무슨 말을 하거나 무슨 행동을 했는지 우리는 알지 못한다. 분명 그들은 스스로를 어리석다고 생각하지 않을 것이다.[4)]

어떤 의미에서 이것은 설교 준비 과정 속에 있는 한 개별 단계라기보다는 과정 전체에 걸쳐 도움이 될 수 있는 태도라고 말할 수 있다. 상업과 산업 분야에서 지난 이십오 년간 출간된 창조성에 관한 책들에서 발견되는 한 가지 공통적인 결론은 다음과 같다. 즉, 문제들을 더 쉽게 해결하지 못하고 창조성을 그토록 어렵게 발견할 수밖에 없었던 이유들 중에 하나는 사람들이 주목하지 않기 때문이다. 그들은 당연하게 생각한다. 결과적으로는 신입사원이나 혹은 산업의 변두리에 있던 사람이 가장 창조적인 경우가 흔히 있다. 다른 사람들은 너무 많이 알고 있으며, 그래서 너무 많이 가정한다.

"상투적인 이해와 꼬리표 달기는 매우 널리 퍼져 있고 효과적인 지각의 블록들이다." 이것은 제임스 아담스(James L. Adams)가 자신의 저서 「개념의 블록버스팅」(Conceptual Blockbusting)에서 한 말이다. "어떤 사람이 선입견에 의해 통제를 받는다면 그 사람은 단순히 분명하게 볼 수 없다."[5)] 아마도 그는 "확고한 신학적 확신에 의해 통제를 받는다면"이라고 고쳐서 말할 수도 있었을 것이다.

예를 들어 어리석은 부자에 관한 예수님의 비유는 꼬리표 달기와 관련해서 탁월한 후보자에 해당한다. 왜냐하면 이 비유는 우리의 미덕으로 우리를 사로잡기 때문이다. 여기 자신의 일을 잘 수행하는 한 사람이 있다. 그는 매우 일을 잘해서 곡식을 쌓아두기 위해 더 큰 곳간이 필요하게 되었다. 그가 그것을 지을 준비가 되었을 때, 하나님이 그에게 오셔서 말을 건네신다. 그리고 그를 바보라고 부르신다. 예수님께서 요약하고 계시듯이 그의 문제는 분명 "하나님께 대하여 부요하지" 않은 데 있다.[6] 이 이야기는 단순하면서 명백해 보인다. 실은 예수님이 이 이야기에 앞서 탐욕에 관한 말씀을 하신다. 따라서 이 이야기는 분명 탐욕스러운 부자들, 비종교적인 사람들을 염두에 둔 것이다. 그러한 사람들을 만나 본 적이 있는 경건한 설교자들이나 일반 성도들에게 이것은 쉬운 말씀일 것이다. 하지만 나는 의구심을 가진다.

나는 이 땅에서 부유한 사람들 가운데 속하지만 가난한 자들에게 모든 것을 내어주거나 청빈을 서약하지는 않았다. 그렇다면 나 역시 예수님의 비판의 대상 안에 포함되는 것인가? 바로 얼마 전 나는 우리 학교의 퇴직 계획의 수정을 담당하는 사람들과 함께 일하고 있었다. 그것은 언젠가 있을 나의 은퇴에 재정적인 지원을 보다 넉넉하게 하기 위한 작업이었다. 예수님이 미리 계획을 세우는 것이 잘못이라고 말씀하신 것일까? 내 생각에는 미래에 대한 염려는 탐욕이 아니라 청지기 정신으로 불릴 수 있었다. 예수님께서 정말 하고 싶으셨던 말씀이 문자 그대로 "내일을 염려하지 말라."는 것이었을까?[7] 아마도 이 비유는 우리를 귀찮게 참견하는 말씀일 수 있을 것이다.

여러분이 고민거리, 기이한 일, 이상한 일, 기괴한 일을 찾는다면 이상한 일이 벌어질 수도 있다. 실제로 그것은 계속해서 "왜? 왜?"라는 질문을 던지며 우리를 귀찮게 구는 아이와 같다. 그 아이는 어떤 대답을 들어도 만족하지 않는다. 우리가 다시금 붙잡아야 하는 것이 바로 이 같은 마음가짐이다. 이상하게 보일 수 있지만 나는 이러한 마음가짐이 더욱 계발되어야 한다고 믿고 있다.

예전에 나는 연속적으로 여러 과목에 걸쳐 지금은 고인이 되신 로저 카

스텐슨(Roger Carstensen) 교수와 함께 공부한 일이 있다. 그는 학생들이 '부정하고' 기괴하고 이상한 생각을 이해하도록 도와주었을 뿐 아니라, 그들이 그러한 생각과 더불어 편안함을 느끼도록 신경을 썼다. 그는 학생들에게 우리들이 들으면서 자란 세상의 여러 속담들을 이야기해 보라고 말했다(예를 들면 "일찍 일어나는 새가 벌레를 잡는다."와 같은 속담들). 학생들이 이야기하는 속담들을 칠판에 차례로 적은 다음, 그는 우리 한 사람 한 사람에게 칠판에 적힌 속담들을 대신할 새로운 속담들을 만들어 보라고 이야기했다. 적혀 있는 속담과 비슷하지만 다르게, 특히 그것을 뒤집어서 새로운 속담을 만들 것을 제안했다. 그 결과는 창의적이고 유쾌했으며, 새로운 아이디어를 개발하는 방법을 터득하고자 하는 설교자들에게 유용했다. 그는 이것을 "동전 뒤집기" 연습이라고 불렀다.

3. 자신을 놀라게 하기

사실 자신의 의지적 결단을 통해 성경 본문의 미묘하고 신선한 의미 차이에 더 열려 있을 수 있는 사람은 아무도 없다. 어느 사무실 문 뒤편에서 나는 다음과 같은 문구를 발견했다. "이제 자발적인 존재가 되어라." 하지만 이 문구대로 되지 않는다. 여기에서 근대의 정신 세계는 어긋나기 십상이다. 조엘 바커(Joel Barker)는 지금까지 이십 년간 패러다임 전환에 대해 이야기하며 전세계를 돌아다녔다. 그의 주장은 만약 우리가 문제를 **알고** 그것을 바꾸고자 의지한다면, 그 문제는 해결된다는 생각에 기초해 있다. [8] 우리는 이 같은 순진성을 가지고 이 땅에 살고 있다.

현실은 정반대다. 우리는 단순히 직접적인 선택을 통해 우리가 원하는 것을 듣거나 보거나 만질 수 없다. 하지만 우리는 확장된 인식의 가능성을 **극대화**할 수 있는 행동들을 선택할 수는 있다. 예를 들면 유화를 가르치는 선생들은 학생들이 풍경의 세부적인 사항들을 인지하는 일을 돕기 위해 학생들에게 물구나무를 서서 전경을 바라보라고 조언한다는 이야기를 들은 적이 있다. 뒤집어 놓은 세상은 다르다는 사실이 그들로 하여금 일상적인 관점에서는 보이지 않는 것들을 보게 하는 것이다.

설교자들의 경우 이것은 다루게 될 성경 본문에 있어 모든 중요한 구절들에 **밑줄을 치라고 요구하는 것**과 상황이 비슷할 것이다. 밑줄 치기가 끝난 다음, 설교자는 **밑줄**이 쳐지지 않은 부분을 주목해야 한다. 이 부분은 당연하게 받아들였던 구절들일 가능성이 크다. 예를 들어 탕자를 위한 잔치에 그 형은 참석하기를 거부한다. 그의 논리는 (만약 우리가 주목한다면) 상당히 설득력이 있다. "언제 아버지께서 나를 위해 잔치를 배설한 적이 있었습니까?"

못된 소년, 방탕한 아들을 위해 잔치를 베풀고 성실한 아들이 기른 살진 소를 잡는다는 것은 실로 불공정해 보인다. 이것은 우리가 밑줄 치지 않은 부분을 보기 전까지 그러하다. 아마도 그 형이 견인차를 주차할 때쯤 될 것이다. 그는 원형 차도 안에(in the circle drive) 있는 차들에 관한 진리를 하인에게서 찾는다. 그가 아버지께로 곧장 달려가서 (혹은 운전해 가서) 아버지께 직접 질문하는 게 오히려 정상적인 모습이 아닐까? 왜 제3자에게 기구에 관해서 질문하는가? 만약 큰아들이 농장 안에 머물면서도 작은아들과 마찬가지로 아버지로부터 소외되어 있었던 것이 아니라면 과연 왜 그랬을까?

본문에 관한 새로운 관점을 얻을 수 있는 또 다른 방법은 본문 안에서 **동일시하는 대상을 바꾸는 것**이다. 우리는 종종 자기도 모르게 특정한 대화 중에 자신을 위치시키곤 한다. 간음한 여인에 관한 이야기의 경우 나는 거의 언제나 예수님 곁에 서 있다. 결국 그분은 그 상황에서 구원의 말씀을 선포할 것이다. 오는 주일 내가 요한복음에 나오는 이 구절을 가지고 구원의 말씀을 선포하게 될 것처럼 말이다. 매우 드문 경우에 한해서 나는 그 여인, 곧 자신의 마지막 날이라고 생각했던 날이 자신의 첫 번째 날이 되는 경험을 한 그 죄인과 나 자신을 동일시한다.

그 곳에 있던 남자들의 이야기는 전혀 다르다. 그들은 비열하고 무정하게 보인다. 그들은 그녀를 죽이려고 하고 예수님에게 책략을 쓰고자 했다. 나는 결코 그들과 함께하지 않을 것이다. 글쎄 아마도 나는 그들을 둘러싼 원 안에 나를 위치시키고서 왜 우리가 여기에 있는지 물어야 할 것이다. 만약 내가 그렇게 한다면, 곧 나의 일상적인 방식을 변호한다면, 나는 종교지도자로서 우리 사회를 망치고 있는 도덕적 부패 위에 나 자신이 서 있다고 여러분에게 말하게 될 것이다. 나는 실로 율법을 진지하게 생각한다. 만약 우리가 율법을 지키지 못한다면, 공동체로서 우리는 우리의 정신적 기둥을 잃게 되고 따라서 우리의 미래 또한 잃어버리게 될 것이다. 여러분은 이 일들과 관련해서 기사가 될 수 없다.

이러한 새로운 관점을 갖고서 보면, 설교자로서 나는 은혜로의 전환을 처음으로 가능하게 한 사람은 예수님이 아니었다는 사실을 주목하게 된다. 그것은 그 원 안에 있던 가장 나이 많은 남자였다. 그가 처음으로 돌을 내려놓은 사람이었으며, 이어서 홀로 그 자리를 떠난 사람이었다. 그는 대중 앞에서 토라를 지키지 않았기 때문에 아마도 공동체의 존경마저 잃어버리게 되었을 것이다.

자신을 놀라게 하는 일에 있어 사람들과 이야기를 나누는 것은 특별히 중요하다. **대화**를 나누는 것은 설교 준비의 초기 단계에 위치하는 것이 적절하다. 준비 과정이 많이 진척될수록, 대화는 동의를 구하는 경향이 강해진다. 예를 들어 주일 저녁 평신도 성경읽기 모임이나 월요일 오전 사역자 모임은 자신과 다른 다양한 생각들을 접할 수 있는 기회를 제공해 준다. 어떤 사람들은 안타깝게도 바로 이 이유 때문에 이러한 기회에 관심을 갖지 않는다. 이러한 모임들은 주목받지 못했던 견해들에 대한 식욕을 북돋우어 준다.

특별히 나는 이와 같은 성직자 모임을 인도해 달라는 요청을 자주 받았다. 간혹 함께 읽을 본문을 미리 훑어보면서 '배움의 순간'이 막다른 곳에 다다랐다는 느낌을 받을 때가 있다. 말하자면 그 본문과 관련해서 이야기할 만한 내용이 하나도 없다고 느낀다. 하지만 모임에서 대화가 시작되고 나면 나는 대단한 생각들에 깜짝 놀란다. 그것은 나를 겸손하게 만들면서 동시에 말할 수 없이 풍요롭게 만드는 경험이다. 때로 내러티브 본문의 경우에는 역할놀이가 모임을 특별히 흥미롭게 만들 수 있다.

상상력을 활용한 **단어연상 훈련**(word-association exercise)은 생각을 확장시키는 경험을 가져다줄 수 있다. 여기에서 우리는 두 가지를 주목할 필요가 있다. 첫째는 하얀 종이 위에다 하나의 단어, 본문 내용의 핵심적인 한 단어를 적는 것이다. 그리고 마음에 떠오르는 모든 단어들을 함께 적기 시작한다. 그 단어들을 다른 단어들과 연결시키기도 하고, 뒤바꾸어 놓기도 하고, 변형시키기도 하고, 수식하기도 해 보라. 종이 끝에 있는 단어들 사이의 기묘한 관계들도 확인해 보라. 요점은 한 번 쓴 단어들을 다시 훑어보면서 제거하는 일이 없도록 하는 것이다. 그 단어들은 생각이 났다는 사실만으로도 충분히 종이에 흔적을 남길 만한 가치가 있다. 그 결과는 일종의 병렬이다. 앞서 우리가 인용한 바 있듯이, 폴 스콧 윌슨은 "그렇지 않았으면 서로 연관되지 않았을 두 관념들을 결합시키고 그 관념들이 만들어내는 창조적 에너지를 발전시키는 것"에 관해서 말했다.[9] 가브리엘 리코(Gabrielle Rico)의 독창적인 저서 「자연스러운 방법으로 글쓰기」(*Writing the Natural Way*)는 이러한 흥미로운 방법들을 가르쳐 주고 있다.[10]

설교 준비의 초기 단계에서 가능한 또 다른 훈련 방법은 종종 증언되는 설교자들의 악몽을 좇아가 보는 것이다. 아마도 여러분도 그런 경험을 한 적이 있을 것이다. 꿈속에서 여러분은 오전 메시지를 전달하기 위해 설교단으로 올라가야 할 시간을 맞이한다. 하지만 여러분은 준비가 전혀 되어 있지 않다. 여러분이 할 수 있는 일은 성경 본문을 읽는 것이다. 성경 본문이 어디인지는 여러분이 주보를 보면 찾아서 알 수 있기 때문이다. 그래서 여러분은 본문을 읽고 난 다음 즉흥적으로 설교한다. 꿈속에서 말이다. 하지만 이것은 흔히 악몽이 아니라 한낮의 유익한 훈련일 수 있다.

이것은 효과적인 설교 준비 훈련이 될 수 있다. 특별히 본문이 설교의 원천이 되지 않는 것처럼 보일 때 더욱 그렇다. 따라서 도움이 될 만한 것이 아무것도 없다는 생각이 들 때에는 그냥 자리에서 일어서서 본문을 읽고 말하기 시작하라. 그리고 펜과 종이를 가까이 두라. 왜냐하면 그 같은 자유연상의 혼돈으로부터 나오는 말에 여러분 스스로 놀랄 수 있기 때문이다.

때로 단어연상 체험은 주어진 본문과 동일한 주제를 다루고 있는 다른 성경 본문들을 살펴보는 가운데 이루어지기도 한다. 흔히 이런 경우 증거 본문을 찾아 주제를 강화하는 식으로 진행되기도 하지만, 내가 염두에 두고 있는 것은 그것이 아니다. 내가 생각하고 있는 것은 동일한 주제에 대해서 주어진 본문과 다른 관점을 가진 본문들, 그래서 주어진 본문과 모순을 야기하는 본문들이다.

하지만 내가 생각할 때 자신을 놀라게 하는 일과 관련해서 가장 중요한 것은 **설교 준비의 타이밍**과 관련된다. 우리들 대부분은 한 번에 자리에 앉아 설교 준비를 마무리하는 것이 아니라 대체로 여러 번에 걸쳐 준비 작업에 착수한다. 설교 준비의 타이밍이란 다음에 준비 작업을 계속하기 위해 지금의 준비 작업을 어떻게 중단할 것인가와 관계된다.

여러분이 화요일 오전에 준비 작업을 하다가 중단하고 목요일에 다시 작업을 계속하기로 계획하고 있다고 가정해 보자. 그렇다면 여러분이 화요일 오후 작업을 어떻게 마무리하느냐는 매우 중요하다. 아마도 여러분은 여러분 자신의 경험을 회상할 수 있을 것이다. 화요일 오후 늦은 시간만 해도 여러분은 주일 설교에 대해 많은 기대에 부풀어 있었다. 하지만 목요일에 다시 준비 작업에 들어섰을 때, 여러분은 적어둔 내용이 너무 진부하고 다시 시작하기가 힘들다는 느낌을 갖는다. 이때 여러분은 왜 화요일에는 설교 준비 작업에 대해 그토록 만족감을 느꼈는지 의구심을 갖게 된다. 그 같은 어려움은 쉽게 설명될 수 있을 것이다.

아마도 화요일에 여러분은 특정한 결론으로 준비 작업을 마쳤을 것이다. 예를 들면 첫 번째 단락이 이제 완성되었으니 두 번째 단락은 나중에 작업할 수 있겠다고 생각했을 것이다. 여러분이 특정한 결론에서 멈추었기 때문에, 말하자면 커모드(Kermode)가 말한 '딱'(tock) 이후의 죽은 침묵에 들어섰기 때문에, 분주하게 다른 사역들을 감당하고 가정 일에 관여하고 심지어 잠자는 동안에 여러분의 전 의식적(preconscious) 사고는 아무것도 묵상할 거리를 갖지 못하고 있었던 것이다.

이제 정반대의 경험을 상상해 보라. 화요일 오후 여러분은 설교 준비 작업 중에 좌절감을 느낀다. 몇몇 부분에서는 진행이 잘 되었지만 한 가지 큰 장애물을 만나 해결책을 찾지 못했기 때문이다. 결국 여러분은 목요일 설교 준비 작업을 다시 시작할 때까지 그 문제를 잠시 미뤄두기로 결심한다. 시간이 지나 목요일이 찾아오면 여러분의 생각은 재빠르게 움직이기 시작하고 기운은 넘쳐난다. 이제 화요일에 해결하지 못했던 그 문제를 어떻게 다루어야 할지 감을 잡기 시작한다. 물론 이것은 여러분이 지난 이틀 동안 다른 일들을 생각하는 동안에도 여러분의 전 의식적 사고는 부지런히 또 즐겁게 활동하고 있었기 때문이다.

우리는 가끔 탁월한 통찰과 함께 한밤중에 깨어나곤 하는데 이것은 어찌된 일인가? 어떻게 해서 좋은 생각들은 소나기가 내려서 그것을 적어둘 길이 없을 때에 떠오르는 것일까? 그 이유는 우리의 의식적인 설교 준비 작업이 정교한 집중을 수반하기 때문이다. 예를 들면 이름을 외우려고 애쓸 때와 같이, 여러분이 더 많은 노력을 기울일수록 얻는 것은 더 적게 되는 것이다. 더구나 세련되게 다듬어진 우리의 신학적-성경학적 원리들이 엄밀하게 작용하고 있지 않은가! 우리의 지성은 진리를 알고 있고 단 한순간도 이단적인 사고를 허락하지 않으려고 한다. 일은 견고하고 안전하게 진행되지만 그다지 창의적이지는 않다.

하지만 여러분이 (병원에 전화를 건다든지 테니스를 친다든지) 어떤 다른 일을 하기 위해 의식적인 의도성을 내려놓게 되면, 여러분의 전 의식적 사고는 느슨하게 되고 그처럼 강력한 의식적 통제에서 벗어나게 된다. 따라서 여러분은 잠을 자고 있을 때에도 비록 양태는 다르지만 여전히 설교 준비 작업을 계속하고 있다. 잠자기 직전 혹은 직후의 그처럼 자유롭게 떠다니는 의식 속에서 지성이 활발하게 작동하고 생각들이 넘쳐난다는 사실이 어찌 놀랄 일이겠는가? 롤로 메이(Rollo May)는 그의 탁월한 저서 「창조의 용기」(The Courage to Create)에서 자신의 삶 속에서 이런 일이 어떻게 일어났는지 기술하고 있다.[11]

이상의 모든 논의는 설교 준비의 한 단계를 중단하는 시점을 특정한 결론이 내려지는 시점보다 **어려움이 느껴지는** 시점에서 (즉, 커모드가 말한 똑에 이은 활동적인 침묵의 시점에서) 잡는 것이 중요하다는 사실을 가리킨다. 우리의 지성은 의식적인 집중의 엄격한 제약이 없는 때에도 설교 준비 작업을 계속한다. 언젠가 내가 한 워크숍에서 이 점을 지적했을 때, 저널리즘을 전공하는 한 학생이 나에게 찾아와 자신의 교수가 일간신문사에서의 점심 식사 시간에 대해 강의한 내용을 이야기해 주었다. "여러분이 휴식을 위해 쓰던 글을 멈추어야 할 때에는 반드시 문장 중간에서 멈추고 휴식을 취하라." 정확하게 바로 이것이다.

우리는 지금까지 설교 준비의 첫 과정에 대해 살펴보았다. 이 첫 과정은 **주목하기의 과정**으로서 다시 다음 세 구체적인 단계들로 구성된다.

1. 본문에 젖어들기
2. 고민거리를 찾기
3. 자신을 놀라게 하기

이 세 예비 단계들은 본문 경험에 대한 개방성, 낯선 세계를 향해 개방된 주의집중, 듣기를 희망하는 태도 등을 공통점으로 가진다. 신학적으로 말하면, 이 세 단계들은 하나님의 영이 이미 알려진 확실성의 입장보다는 설교자의 기대감, 경이감, 심지어는 혼돈의 상황 속으로 더 잘 파고드신다는 믿음에 기초하고 있다.

상상하기

다음에 이어지는 설교 준비 과정의 세 단계들은 '시중드는' 것보다는 '작업하는' 것을 더 특징으로 갖는 양태로 이동한다. 하지만 이 단계들 역시 어디에서도 주일 설교와 관련한 모종의 결론에 가까이 다가서지는 않는다. 설교 준비의 **상상하기 과정**에서는 일반적으로 설교자들이 관계적으로 전략적이 된다.

주목하기에서 상상하기로의 이러한 전환은 다른 예술가들의 활동과 분명 병행하는 점이 있다. 이제 설교자의 창조적인 에너지는 주일을 위한 초기 가능성들의 유동성을 향해 움직이기 시작한다.

4. 중요한 이슈들, 이미지들, 사건들을 명명하기

다양한 번역들과 고쳐 쓴 표현들을 참고하여 본문을 소리 내어 읽은 다음, 이제 우리는 다음과 같은 질문을 던질 수 있다. "여기에서 무슨 일이 진행되어 가고 있는가?" "무슨 일이 벌어지고 있는가?" 구체적인 고민거리로 초점을 옮기기 전에 이제 해당 구절의 **일반적인 경향**을 인식하고 명명할 수 있다. 예를 들면 바울의 갈라디아서를 차근차근 읽다보면, 특정한 생각, 이미지, 이야기가 반복적으로 등장하는 것을 발견할 수 있다.

바울은 화가 나 있다(이 같은 결론을 이끌어 내는 데에 역사비평이나 문학비평과 관련한 무슨 특별한 재능이 필요한 것은 아니다). 그는 평소와 달리 서두에 감사의 인사를 생략하고 있다. 그의 화가 더 커질수록 이미지들—천사들, 염탐하는 자들, 거짓 신자들 등등—은 더욱 빨리 지나간다. 그런 다음 그는 스스로 진정하고 영과 육에 관한 딱딱한 논증을 시작하며, 칭의, 행함, 약속, 유업 등의 개념을 사용한다.

그는 자신의 논점을 강조하기 위해 게바와 아브라함의 이야기를 끌어온다. 그가 안디옥에서 시몬 베드로와 다투었다는 인상적인 이야기는 성구집 안에 들어가지 않는다. 할례당을 염두에 두고서 "너희를 어지럽게 하는 자들이 스스로 베어 버리기를 원하노라."[12]고 말한 내용 역시 성구집 안에 포함되지 않는다. 성구집의 정서는 화가 난 바울의 열변보다는 그의 견고한 논증을 선호하기 때문이다.

요점은 두 번째와 세 번째 단계의 구체성 이후에 이제 설교자는 해당 구절의 감수성에 전략적으로 주목하게 된다. 이제 표면으로 부상하는 것은 바울과 갈라디아 교회 사이의 관계이다. 이것은 목사와 주일 예배시간에 모일 회중 사이의 관계를 내포하고 있다.

바로 지금이 본문의 요점을 지적하기보다는 "본문이 행하고자 하는 바는 무엇인가?"라는 질문을 던지라고 말한 버트릭의 충고[13]를 유념할 때이다. 사태를 이런 식으로 설정하는 순간, 이전과 이후, 그리고 그 사이의 과정이 우리에게 주어진다. 유스토 곤잘레스(Justo González)와 캐서린 곤잘레스(Catherine González)는 성경구절 해석과 관련하여 우리에게 다음과 같은 주의를 준다. "우리는 그것을 공중에서 부유하고 있는 보석으로 생각해서는 안 된다. 오히려 우리는 그것을 그것의 역사적인 배경 안에 위치시키고 그 본문을 통해 일하시는 하나님의 역사의 방향에 대해 질문해야 한다."[14]

혹은 성경구절의 예를 바꾸어 보자. 만약 다음 주일 설교의 본문이 선한 사마리아인의 비유라면, 우리는 바틀렛의 충고에 주목할 필요가 있다. 그의 충고에 의하면, "만약 주후 1세기에 살던 유대인과 사마리아인의 관계를 알지 못한다면" 우리는 설교를 적절하게 행할 수 없다.[15]

우리는 지금 우리에게 일어나고 있는 일을 주목한다. 본문에 젖어들어 고민거리를 찾고 스스로 놀라게 한 다음, 우리는 아직까지 우리가 그 대답을 알지 못하는 많은 질문들을 대면하게 된다. 게다가 우리가 청중을 더 많이 의식하게 될 때에도 이런 현상은 동일하게 일어난다. 사실 그들의 삶을 위해서 이 설교가 준비되고 있기 때문이다. 이것은 무미건조한 학문적 훈련과는 거리가 멀다. 왜냐하면 청중이 거의 언제나 시야에서 떠나지 않고 있기 때문이다.

일종의 인물—배경의 병렬이 여기에서 계속되고 있다. 지금으로서는 본문이 인물이고, 주일 설교의 청중이 배경이다. 설교자는 설교의 가능성을 상상하기 시작한다. 그런 다음 인물—배경의 구도는 역전된다.

5. 잠재적 연결점들을 생각하기

갑자기 설교자의 관심이 청중으로 초점을 옮긴다. 이제 주일 설교가 인물이 되고, 본문은 배경이 된다. 이제 설교자는 회중과 문화와 예전의 다양한 목소리들을 귀 기울여 듣기 시작한다. 예를 들어 현재 우리가 교회력의 어떤 시기를 보내고 있는가는 주일에 성경 본문으로부터 비롯되는 설교 내용에 중요한 변화를 가져온다.

여기에서 우리는 청중에 대한 분석을 본다. 아직 설교는 완성되지 않았다. 설교자는 접점을 찾으려고 애쓰고 있다. 이제 사태는 단순한 예감의 단계를 넘어 잠재적 연결점을 찾는 데로 나아간다.

이 과정에서 실제로 어떤 일이 벌어지는지를 규정하는 것은 어려운 일이다. 그리고 반드시 어떤 일이 일어나야 한다고 가르치려는 시도는 더욱 어렵다. 하지만 이것은 특정 본문에 관해 토의하는 설교자들의 대화 형태에서 즉각적으로 인지될 수 있다. 누군가가 말한다. "그거 설교하면 되겠다"(That'll preach). 함께 있던 다른 사람들이 발견된 연결점의 병렬에 동참하고자 할 때 그들의 마음도 동일한 것을 말한다. 이것은 거의 전기충격과도 같은 경험이다.

이러한 경험은 다양한 방식으로 일어난다. (1) 가려움, (2) 긁음, (3) 본문, (4) 회중의 네 가지 변수들을 고려해 보라. 이것들은 주변을 맴도는 변수들이다. 때로는 명시적인 본문의 가려움, 곧 특정한 이슈가 아직은 암시적인 본문의 긁음과 연결된다. 설교자는 에너지를 감지하고 무언가 작용하고 있음을, 곧 이제 무언가 가능함을 인식한다. 설교자는 그것을 규정할 수 있기 오래 전에 이미 그것을 인식하고 있다.

때로는 그 반대의 경우가 발생한다. 즉, 명시적인 긁음이 암시적인 가려움과 연결된다. 교회성가사가 주일에 어떤 찬양을 부르면 좋을지 묻는다면, 설교자는 아직 아무 생각도 없을 것이다. 때로는 회중의 상황 속에서 가려움이나 긁음 중 하나가 명명되거나 발견되거나 인지되고, 그것이 그 후에 본문에서도 발견되곤 한다.

이 순간을 묘사하기란 참으로 어려운 일이지만, 여기에서 우리가 소위 '설교의 정신'(the homiletical mind)을 다루고 있다는 것은 분명하다. 어떤 이들에게 이것은 직관적으로 쉽게 얻어지는 반면, 또 어떤 이들에게 이것은 어렵고 의도적인 계발을 요구한다. 내가 볼 때, 이것은 은유와 유비를 다루는 능력과 관계가 있다. 은유와 유비는 순식간에 연결점을 만들어 낸다. 여기에서 우리가 다루고 있는 주제가 바로 연결점이다. 진리도, 설교의 요점도, 주제 문장도 아니고, 오히려 연결점, 통찰의 순간이다. 이것은 정확이 세 번째 단계에서 언급된 단어연상 훈련의 목적과 일치한다. 우리들 중에는 설교와 관련해 의미 있는 연결점들을 만들어 내는 데에 도움을 필요로 하는 사람들이 있다. 만약 우리가 그것을 기술할 수 있다면 그것을 계발할 수도 있다고 나는 생각한다. 우리는 다른 사람에게 은사로 주어진 것을 노력을 통해 획득할 수 있다.

설교자가 비록 모호하게나마 무언가 작용하고 있다는 사실을 감지한 다음에도 아직 남아 있는 일이 무척이나 많다. 사실상 실제적이고 세부적인 명명과 구성의 대부분은 아직까지 전혀 진척되지 않고 있다. 여기에서 우리는 상상하고 있다. 우리의 상상하기가 더 깊어질수록 때가 무르익었다는 사실이 더욱 분명해질 것이다.

6. 재택 학자로서 참여하고 조언 구하기

아마도 독자들 중에는 우리가 이제야 학자들의 주석 작업에 관여하게 된다는 사실에 놀라는 사람도 있을 것이다. 주석전문가들의 조언을 구하는 것이 책임 있는 설교자들에게는 필수적으로 요청된다는 사실은 분명하다. 하지만 그러한 도움을 지금까지 기다리는 것은 중요한 의미를 가진다. 왜냐하면 설교 준비를 서둘러 종결짓는 것은 설교라는 사건과 관련해서는 치명적인 결과를 가져오기 때문이다. 특별히 본문에 젖어들기, 고민거리를 찾기, 자신을 놀라게 하기의 세 부분으로 구성된 첫 번째 과정, 곧 **주목하기**의 과정은 무엇보다도 설교자들을 종결이나 확신이 아니라 개방성과 경이감, 심지어는 혼동으로 인도하는 것을 목표로 하고 있기 때문이다.

물론 재택 학자로서 여러분은 전문가 의견의 도움을 구하길 원할 것이다. 하지만 여러분이 지나치게 성급하게 그런 도움을 구한다면, 여러분은 결코 여러분 자신의 신선한 생각을 가질 수 없게 될 것이다. 크래독은 이 것을 다음과 같이 적절하게 표현했다. "같은 책상에 국제적으로 알려진 여섯 명의 성경학자들이 함께 앉아 있다면, 감히 누가 자신의 생각이나 해 석을 개진하려 하겠는가?"[16]

문제는 단순히 우리가 전문가들 앞에서 기가 죽는다는 데 있지 않다. 보 다 근본적인 문제는 그들의 과제가 사태를 종결시키는 데, 곧 사람들이 결 론을 내리는 것을 돕는 데 있다는 것이다. 크래독의 설명에 의하면, "적절 한 때에만 사용된다면 그들은 필수불가결하다고 말할 수 있다. 하지만 너 무 일찍 개방된다면 그들은 점령군이 된다. (중략) 그들은 스스로 본문과 설 교자 사이에 끼어들어 모든 것을 설명하기 시작한다."[17] 그러한 태도는 설교의 정신을 결코 느슨하게 두지 않는다. 게다가 전문가들 역시 우리와 마찬가지로 유혹을 받는다. 물론 보다 깊은 차원에서만 그러하지만 말이 다. 우리는 이데올로기적 해석의 홈에 빠져들지만 그들은 종종 개천에 빠 져든다.

수년 전 나는 가이사에게 세금을 바치는 것이 옳은가라는 질문을 받은 예수님의 이야기와 관련해서 한 전문가를 찾은 적이 있다. 예수님의 결론 적인 대답은 "옳은 일을 하라."는 것이었다. 이것은 말하자면 대답이라기 보다는 질문을 다시 반복한 것이다. 하지만 그 전문가는 어떻게 해서 이것 이 예수님의 입장에서 볼 때 대답의 회피가 아닌지 길게 설명해 주었다. 말하자면 가이사에게 세금을 바치는 것이 국가에서 주는 해택들을 고려 할 때 우상숭배가 아니라는 사실을 예수님께서 분명하게 보여주셨다는 것이다. 뿐만 아니라 그 전문가는 예수님이 왜 그러한 생각을 가지게 되셨 는지에 대해서도 설명해 주었다. 아마 그랬을지도 모른다 (내가 본문에 근거해 서 볼 때 그 전문가가 이 모든 사실을 어떻게 알게 되었는지는 분명하지 않다).

그런 다음 그 전문가는 지나가는 말로 그날 예수님에게 동전을 건네주는 사건이 이방인의 뜰에서 일어난 것이 분명하다고 덧붙였다. 왜냐하면 그 위에 이미지를 넣은 동전은 성전에서 받아들여지지 않았기 때문이라는 것이다. 아마 그랬을지도 모른다. 아니면 혹시 그 전문가가 형언할 수 없이 결정적이고 강력한 계시의 순간을 놓쳤을 수는 없을까? 만약 그렇다면? 아마 그럴지도 모른다.

어쨌든 성경주석 학계의 엄청난 출판물은 대단한 동시에 위험하다. 설교자들이 성경 본문을 읽은 다음 곧장 본문의 의미에 관한 다른 사람의 설명을 읽는다면, 그들은 젖어들기, 갈등하기, 놀라기 등은 전혀 경험하지 못한다. 병렬시키고 뒤섞어버리고 혼동을 야기하는 에너지는 상실된다. 오늘날 우리가 듣는 많은 설교들이 설명의 교훈들에 지나지 않는 것은 다 이 같은 이유 때문이 아닐까? ("오늘날 우리의 본문은 우리가 이해하고 따라야 할 여러 가지 원리들을 수반하고 있다.")

그러한 전문가들이 우리 설교자들의 성경 연구 작업을 대신할 수는 없다. 그들은 돕는 자들이다. 하지만 설교자는 재택 학자로서 특정 성경구절과 특정 회중이 어떻게 서로 연결되는지에 관한 한 전문가이다. 이 힘겨운 작업은 항상 상황 안에서 발생한다. 설교자는 회중의 이름으로 본문을 대하여 서 있으며 또한 본문의 이름으로 회중을 마주한다. 결국 설교자는 예전의 중심으로 두 가지를 모두 감당한다. 이 현재의 과업이 특히나 설교 준비 과정 중 이 순간에 있어 즐거운 예기와 은혜의 놀라움을 결여하지 않고 있다는 사실에 또한 주목할 필요가 있다.

만약 여러분이 설교 준비 작업을 일종의 재즈 즉흥연주라고 생각할 수 있다면, 여러분은 음악이 곁길로 나가 갈등을 일으키고 그 단조로운 선율에서 벗어나도록 하는 것이 얼마나 중요한지 이해할 수 있을 것이다. 그것은 때로 마치 연주가들이 자신이 무슨 곡을 연주하고 있는지 망각하거나 자신의 길을 잃은 것처럼 느껴지기도 한다. 하지만 그런 다음 잠잠한 감격의 안도감이 연주가의 눈가에 보이면서 집을 향하여 방향이 전환된다. 그리고 마침내 간단한 반복으로 연주가 마무리된다. 얼마나 환상적인 여행인가!

설교를 준비하는 과정에서 우리는 이미 알고 있던 것을 붙잡고 있던 손의 힘을 의도적으로 풀었으며, 가려움이 혼돈을 향해 더 움직여 가는 것을 허락하였다. 하지만 이제 우리는 전문가들의 도움으로 설교 구성을 향해 우리의 방향을 틀고 마침내 집(곧 주일 설교 전달에서 대단원의 경험)을 향해 달음질할 준비가 되어 있다. 얼마나 환상적인 여행인가!

한편 반대로 지나치게 개인적으로 설교를 준비하는 사역자들 역시 마찬가지로 바람직하지 않은 문제를 안고 있다. 일부 상당히 창조적인 설교자들 중에는 다른 사람에게 조언하는 것이 불필요하다고 생각하는 사람들도 있는 것 같다. 곤잘레스 부부는 그들을 외롭게 방랑하는 해석자들이라고 부른다. 그들은 홀로 작업한다. 그들은 회중의 상황을 연구하는 모임이나 교회의 학문 전통에서 비롯하는 전문가들의 증언들에 아무런 관심도 갖지 않는다.

우리는 본문을 대하면서 탁월하게 창의적인 생각을 가지는 것이 그 자체로 정당화되지 않는다는 사실을 항상 기억할 필요가 있다. 우리는 정당한 해석의 확증을 위해 혹은 '탁월하지만' 근거 없는 생각의 부정을 위해 전문가들의 도움을 구한다.

바라건대 우리가 무미건조한 학자풍의 강의 설교와 활기차고 창조적인 입질 사이에서 하나를 선택해야 하는 일은 없기를 나는 희망한다. 내가 잠시 동안이나마 상상력이 느슨하게 활동하도록 하자는 제안을 하는 이유가 바로 이 때문이다. 하지만 이제는 우리가 실제적인 설교 구성 작업을 시작하려고 하기 때문에 창조성과 학문성 모두에 마침을 고해야 할 시간이다. 상상력을 활용한 설교 준비 시간이 가진 한 가지 중요한 의의는 우리가 학자들의 글을 대할 때에 우리의 지성이 실제적인 혼동에서 비롯된 질문들과 기대하며 해결을 기다리는 경이감을 대면할 준비가 되어 있다는 점이다. 그러한 작업은 여러 가지 의미에서 우리의 머리를 많이 쓰게 한다.

이제 우리는 설교 준비의 마지막 세 번째 과정으로 이동할 준비가 되어 있다. 이동에 앞서 첫 번째 **주목하기** 과정의 묵상과 갈등과 혼동을 돌아보고, 두 번째 **상상하기** 과정의 초기 전략들을 회고하는 동시에, 마지막 **구성하기** 과정을 미리 살짝 들여다보는 것은 여러 모로 유익할 것이다.

주목하기
  1. 본문에 젖어들기
  2. 고민거리를 찾기
  3. 자신을 놀라게 하기

상상하기
  4. 중요한 이슈들, 이미지들, 사건들을 명명하기
  5. 잠재적 연결점들을 생각하기
  6. 재택 학자로서 참여하고 조언 구하기

구성하기
  7. 설교의 초점과 전략을 명명하기
  8. 갑작스런 전환을 인식하고 복음을 위치시키기
  9. 설교 과정을 계획하기
  10. 목표를 명명하기

구성하기

일반적으로 실제로 설교를 구성하는(shaping) 과정은 네 단계로 구성된다.

7. 설교의 초점과 전략을 명명하기

이제는 이제까지의 작업의 열매들을 거두어들일 시간이다. 이제까지의 작업이 가진 가치는 아직까지 명확하게 드러나지 않았을 것이다. 네 번째 단계의 과제를 기억하는가? 그것은 중요한 이슈들, 이미지들, 사건들을 명명하는 것이었다. 그럼 이제는 설교자가 선택해야 하는 시간이다. 본문의 모든 다양한 변수들(곧 끼어든 생각들) 가운데 가장 적절하게 보이는 것은 무엇인가? 여러 가능한 이슈들을 생각할 때, 주일에 가장 잘 맞아떨어지는 이슈는 과연 무엇인가? 모든 진행의 중심이 될 만한 이미지가 있는가? 혹은 예수님과 다른 사람 사이에 오간 인상적인 짧은 대화가 있는가?

주일 설교의 핵심 초점을 명명함에 있어 여러분은 이것이 우리가 배워온 방식과 얼마나 다른지 주목해야 한다. 나는 한 문장의 명제로 표현되는 중심 **주제**를 선정해야 한다고 배웠다. 그러한 주제 문장은 설교의 **긁음**, 곧 최종적인 결론에 초점을 맞추고 있다. 내가 제안하는 것은 그와 반대로 핵심적인 **가려움**을 명명하는 것이다.

하지만 내 경험에 비추어 볼 때, 대부분의 사람들은 **대답**이 명명되고 나면 순식간에 지성이 작동을 멈추어 버린다. 그러고 나면 그 이후의 설교 준비 과정은 많은 경우 최종적으로 빈칸을 채우는 경험이 되고 만다. 예를 들면 **이러한** 결과를 언급하고, **저러한** 함의를 지적하고, **이 같은** 반응들을 요청하는 식으로 말이다.

우리가 명명해야 하는 것은 질문에 대한 대답이다. 여기에서 문제가 되고 있는 것은 무엇인가? 설교 작업이 나아가는 데 있어서 당면한 어려움은 어떤 것인가? 우리는 지금 설교 내내 우리를 인도할 그 같은 핵심 이슈를 확정하고 있는 것이지, 그 반대편에 있는 최종적인 해결책을 명명하고 있는 것이 아니다.

한편 (여기에서 정의된) 초점이라는 용어와 관련해서 우리는 분명한 이해를 가질 필요가 있다. 왜냐하면 다른 이론가들과 저술가들 역시 **초점**이라는 용어를 사용하지만, 그것을 통해 "설교가 말하고자 목적하는 내용" 혹은 "설교의 통일된 주제", 즉 해결책을 의미하고 있기 때문이다.[18] 따라서 여기에서 사용된 의미의 차이를 주목하는 것이 중요하다. 여기에서 **초점**은 결론적인 긁음이 아니라 가려움, 곧 '이슈'를 의미한다.

더 진행하기 전에, 곧 초점과 전략의 문제를 더 다루기 전에 비생산적인 혼동이 발생하는 것을 막기 위해서 몇 가지 문제들을 지적하고 넘어가는 것이 필요하다.

중심 이슈 혹은 핵심 초점에 대해서 생각할 때 우리는 주일 설교에 우리가 의도적으로 가하는 제한에 대해서 이야기하고 있다. 우리가 본문이 내포하고 있는 중요한 이슈들을 모두 다 적절하게 다룰 수는 없다. 우리는 선택을 해야 한다. 대부분의 본문들이 오직 하나의 요점, 하나의 중심 주제, 혹은 하나의 당면 이슈를 갖고 있다고 믿는 것은 일반적으로 큰 잘못이다.

바로 이러한 이유 때문에 설교자는 3년마다 동일한 성경구절로 다시 돌아갈 수 있으며 동일한 설교를 반복해야 한다는 이데올로기적 구속으로부터 자유로울 수 있다. 말하자면 본문은 다양한 의미를 갖고 있고, 3년 동안 청중의 상황은 달라졌으며, 세상 역시 상당히 변화했다. 이제는 은퇴한 나의 동료 찰스 바우만(Charles Baughman)은 히브리 성경에 대해 말하면서 미소를 머금곤 했다. "여러분이 평생 동안 본문을 깊이 파헤친다 하더라도 본문의 의미를 완전히 다 밝혀내지는 못할 것이다."

다음으로 지적하고 싶은 것은 내가 비록 대담하게 – 플롯에 따른 – 열 단계의 설교 준비 과정을 제시하긴 했지만, 이 단계들은 이 같은 도식이 보여주는 것보다 더 유동적이라는 사실이다. 사실 어떤 경우에는 전문가의 조언과 딱딱한 주석 연구를 참고하기(여섯 번째 단계)에 앞서 설교의 초점(일곱 번째 단계)이 이미 포착되어 있기도 한다. 또한 자신을 놀라게 하는 과정에서(세 번째 단계) 때로는 본문과 회중 사이의 흥미로운 연결이 초점을 일찍이 분명하게 만들기도 한다. 내가 '일반적으로' 라는 용어를 사용하는 것이 바로 이 때문이다. 동일한 이유에서 나는 **주목하기, 상상하기, 구성하기**의 세 가지 포괄적인 준비 과정을 제시하였다. 우리는 여전히 일반적인 이야기를 하고 있지만, 이 세 과정들의 위치는 좀처럼 바뀌지 않는다.

설교 준비의 이 단계에서 이루어지는 다른 중요한 결정은 논증, 이미지, 이야기 중에 통합 전략의 수단을 선택하는 것이다. 이 단계에서 설교자는 설교의 움직임이 결정적으로 **논리적** 움직임을 따를 것인지, **이미지**(들)의 변화하는 충격을 따를 것인지, **이야기** 전개의 과정을 따를 것인지에 관해 분명한 생각을 갖고 있어야 한다.

바리새인과 세리의 **이야기**에 관한 틸리케의 설교가 그의 **논리**에 의해 진행되었다는 사실을 상기해 보라. 이야기의 흐름은 여전히 존재하지만 결정적인 힘을 발휘하지는 않는다 (나의 학생들 중에 몇몇은 틸리케의 이미지들이 실제적으로 결정적인 변수였다고 믿을 만한 타당한 이유를 갖고 있었다). 우리는 성경의 비유에 기초한 설교가 이야기 전략을 활용할 것이라고 기대할 수 있지만, 반드시 그렇게 진행되는 것은 아니다. 바틀렛의 지적은 옳다. "비유에 관한 모든 탁월한 설교가 내러티브 형식을 취하지는 않을 것이다. 그리고 바울의 매우 논리적인 구절들에 관한 설교가 이야기로 가득할 수도 있을 것이다."[19]

8. 갑작스런 전환을 인식하고 복음을 위치시키기

처음부터 설교자는 뒤틀림, 곧 모든 것이 다른 경로를 통해 집을 향하도록 만드는 갑작스런 전환을 분별하기 위해 주의를 기울여 왔다. 그것은 충격적인 논리의 단편일 수도 있고, 뒤집어 보게 된 이미지일 수도 있고, 이야기의 노정 속에 갑자기 등장한 굽은 길일 수도 있다.

예를 들어 여러분은 이야기에 언급된 돈의 엄청난 금액을 알게 된다. 즉, 다섯 달란트는 칠십오 년에 걸친 임금 합계에 해당하고, 두 달란트는 삼십 년에 걸친 임금 합계에, 그리고 한 달란트는 십오 년에 걸친 임금 합계에 해당한다는 사실을 알게 된다. 만약 여러분이 세 번째 종이 왜 겁을 먹었는지 의아해 한다면, 쉽게 여러분이 여러분의 주머니 속에 십오 년치 연봉을 갖고 길을 걷는다고 생각하고 어떤 느낌이 들지 상상해 보라. 지금 우리는 현금을 이야기하고 있다. 개인적으로 나는 그것을 숨길 만한 장소를 찾을 것이다. 여러분은 어떠한가?

예수님은 주인이 세 종 각각에게 이야기하는 장면을 묘사한다. 주인의 즐거움에 참여하라. 이것은 이해하기 쉽지 않다. 왜냐하면 종들은 처음에 자본금이 전혀 없었다가 얼마간의 돈을 대출 받고 나서, 이후에 그것을 통해 얻은 수익금과 원금을 모두 주인에게 돌려주었기 때문이다. 다시 말해 그들은 다시 자본금이 전혀 없는 상태가 되었다. 분명 여기에서 주인은 "즐거움이 가득하다." 왜 그렇지 않겠는가? 심지어 세 번째 종도 도박으로 돈을 잃지 않고 원금을 고스란히 주인에게 가져왔다. "네가 풍족해질 것이다." 무엇으로 풍족해진다는 말인가? 그 대답은 새로운 일로 풍족해진다는 것이다. 맡겨진 작은 일에 최선을 다하라. 그러면 그 후에 여러분을 위해 창고에 남아 있는 것은 무엇일지 생각해 보라. 새로운 많은 일들이다.

이러한 관찰들은 모두 갑작스런 사고의 전환으로 활용될 수 있을 것이다. 하지만 이 나쁜 소식 이야기에서 좋은 소식을 찾으려고 애쓰는 동안

나는 새로운 깨달음을 얻게 되었다. '종들'이라는 표현을 사용하는 RSV 번역을 읽는 동안에는 아무런 일도 없었다. 이것은 완곡어법이다. NRSV 번역은 이 부분에서 직설적으로 '노예'라는 표현을 사용하고 있다. 그들은 노예들이다. 노예로서 그들이 처음이나 도중이나 끝이나 결국 아무것도 소유하지 못했다는 사실은 결코 놀랄 일이 아니다.

하지만 이 이야기가 세상을 어떻게 뒤집고 있는지 또한 주목할 필요가 있다. 주인-노예 관계에서 주인은 모든 힘을 갖고 있고 노예는 모든 연약함을 갖고 있다. 이것이 사회 체계가 작동하는 방식이다. 이 특별한 주인이 여행을 떠났을 때를 제외하면 말이다. 그런데 그는 노예들이 즐겁게 일할 수 있도록 여분의 현금을 꺼내지 않았다. 그는 "그들에게 자신의 소유를 맡겼다." 즉, 그는 자신의 소유 전부를 노예들에게 맡기고 노정에 올랐다. 그는 그렇게 할 필요가 없었다. 하지만 그는 그렇게 하기로 선택했다.

그렇다면 이제 주인이 없는 동안 힘과 연약함을 가진 사람은 각각 누구인가? 그 주인이 집으로 돌아오는 길에 불안감을 감추지 못했을 것이라는 사실을 우리는 쉽게 상상할 수 있다. 왜냐하면 그의 소유와 존재 전체가 그의 노예들이 행한 일에 의존해 있기 때문이다. 이것은 세상의 방식을 역전시키는 복음의 은혜라고 불릴 수 있다.

이 순간이 이 특별한 선교를 위한 갑작스런 전환으로 인식되는 순간, 복음과 갑작스런 전환이 동시에 함께 등장한다는 사실 또한 분명해진다. 따라서 그러한 설교는 갈등(곧 그들의 위험부담)으로부터 시작해서, 심화의 과정(주인의 즐거움과 그들의 일)을 거쳐, 갑작스런 전환(힘과 연약함의 역전)으로, 그리고 마침내 해소(결국 연약한 주인과 함께하는 즐거움이 있다.)로 전개될 수 있다.

이 이야기에 관해 내가 행한 설교에서 움직임을 인도한 것은 이야기 흐름 자체가 아니었다(물론 그것이 중요하지 않은 것은 아니었다). 오히려 주머니 속에 있는 현금, 땅 속에 있는 구멍, 보상으로서의 일, 노예와 주인, 역할의 전환, 교제의 기쁨, 신뢰, 연약함 등 일련의 변화하는 결정적인 이미지들이 설교의 움직임을 주도했다.

9. 설교 과정을 계획하기

일단 갑작스런 전환과 그것과 연관된 복음을 명명하고 계획하는 이전의 단계가 마무리되면, 나머지는 제자리를 찾기 시작한다. 앞서 언급한 예를 염두에 둘 때, 이제 복음과 갑작스런 전환의 관계에 대해 이야기하는 것은 훨씬 쉬워졌다. 갑작스런 전환에 관한 이야기는 움직임, 순서, 놀라움 등의 개념을 포함한다. 복음에 관해 이야기하는 것은 설교의 움직임의 몸체로서 복음의 선포, 내용, 사건, 능력 등과 관계한다. 둘 모두 형식과 내용의 통일성과 관계되지만, 그 출발점은 서로 정반대 방향에서 비롯된다. 어떤 경우에는 갑작스런 전환이 복음의 선포를 위한 문을 연다. 또 어떤 경우에는 복음이 갑작스런 전환을 위한 문을 연다. 우리가 앞서 예로 든 경우와 같이 그 둘이 동시에 일어나는 경우도 있다.

갈등, 심화, 갑작스런 전환, 해소로 이어지는 플롯의 움직임에 대한 이해는 설교의 소재들을 배열하는 일과 관련해서 원리를 제공해 준다. 예를 들면 "자신의 종들을 돌보기 위해 자신이 가진 모든 것을 무릅쓰는 이 놀라운 주인의 이야기를 함께 살펴봅시다."라는 말로 설교를 시작함으로써 주인의 연약함에 대한 인식이 가져오는 충격을 망치고 싶어하는 설교자는 아무도 없을 것이다.

예를 들어 설교 안에서 본문을 어디에 위치시킬 것인가 하는 중요한 문제와 관련해서 '플롯의 정신'(plotting mentality)이 어떻게 도움을 주는지 주목해 보라. 우리는 설교 준비의 첫 번째 과정을 기억하고 있다. 즉, 그것은 (1) 본문에 젖어들기, (2) 고민거리를 찾기, (3) 자신을 놀라게 하기의 세 단계로 구성되어 있다. 이 예비적인 단계들을 거치는 동안 본문이 설교의 **가**

려움의 부분이 될지, 설교의 **긁음**의 부분이 될지, 아니면 그 사이의 어떤 것이 될 것인가가 분명해지기 시작한다. 만약 본문이 전반적으로 '대답'이라면, 본문 자체를 다루기 전에 고민거리를 찾기 시작하라. 이어서 (4) 이슈들을 명명하기, (5) 연결점들을 생각하기, (6) 재택 학자로서 참여하기의 세 단계로 구성된 두 번째 과정을 마무리할 즈음 우리는 설교의 초점과 전략을 명명할 준비가 마무리된다. 일단 그것들을 명명하고 나면, 본문의 위치와 관련한 선택지들은 분명해진다.

예를 들어 본문이 예수님의 비유였다고 생각해 보자. 이 경우 본문은 설교자와 회중을 함께 여정으로 인도한다. 여기에서 설교자의 역할은 여기저기 부연 설명을 덧붙이면서 해결 혹은 펼침에까지 본문을 진행시키는 것이 될 것이다. 다른 한편 본문이 온통 확증으로 가득 찬 경우가 있을 수 있다. 예를 들어 복음의 능력에 대한 확신으로 가득 찬 영광송의 경우를 생각해 보라. 이 경우 본문은 설교 전달시 매우 늦게 등장할 수도 있다. 말하자면 성경의 세계로부터 설교가 시작하는 것이 아니라, 성도들의 오늘날의 삶에서부터 설교를 시작할 수도 있을 것이다. 이런 경우 설교자는 플롯의 전개에서 적절한 위치가 나타날 때까지 **본문**을 지연시키고 있다고 말할 수 있다.

한편 본문이 주일 오전에 다루게 될 기본적인 갈등 요소를 규정하는 데 도움을 주는 경우, 본문이 설교의 초반부에 언급될 수도 있다. 하지만 이렇게 되면 본문이 갑작스런 전환과 최종적인 해결을 성취하지 못하도록 막는 장애물이 있을 수 있다. 그런 경우 설교자는 갑작스런 전환과 복음에 이르는 길을 열기 위해 무언가를 찾는 동안 **본문을 중지시키고** 싶어 할 것이다.

우리가 조금 전 살펴본 설교 본문, 곧 달란트 비유에서 나의 전략이 바로 이것이었다. 본문 안에는 표면상 나쁜 소식처럼 보이는 많은 요소들이 내포되어 있고, 그래서 나는 그 같은 생각이 설교의 전달 과정 속에 자라도록 해야겠다고 결심했다. 나는 노예들이 자신들의 소유로 아무것도 갖고 있지 않다는 사실을 강조했다. 뿐만 아니라 그들의 수고는 모두 주인의 즐거움을 위한 것이었으며, 그들이 성취한 일에 대한 유일한 보상은 더 많은 일이었다. 심지어 나는 세 번째 종이 첫 번째 종보다 정말 일을 못한 것인지 의구심을 가졌다. 적어도 세 번째 종의 일은 완전했다. 사태를 이처럼 가능한 한 복잡하게 만든 다음, 나는 본문에서 얼마간 좋은 소식을 발견하고자 했다. 비로소 그때서야 나는 노예 제도의 이슈와 주인이 세상 제도를 뒤집은 방식에 관한 이야기를 끌어들였다(말하자면 주인은 의도적으로 스스로를 연약함에 내어주고 공동의 교제를 불러일으킴으로써 궁극적으로 주인과 다른 모든 사람에게 기쁨을 가져왔다).

물론 어떤 때에는 다양한 선택지들 가운데 결정하기가 힘든 경우도 있다(다른 곳에서 나는 본문의 위치 선정 문제와 관련해서 상세하게 다룬 바 있다).[20] 하지만 원칙은 분명하다. 전략을 이해하기란 어렵지 않다. 어린 시절 우리들이 뒤뜰에 있는 가상의 정글에서 동물을 고르는 게임을 할 때 우리는 모두 그것을 활용하고 있었다. 아무도 우리에게 거기에 사자와 호랑이를 두고 강아지는 두면 안 된다고 가르칠 필요가 없었다. 갈등과 심화 과정이 그것을 요구했기 때문이다.

따라서 우리가 가려움에서 긁음으로 움직여 가는 플롯의 전략을 활용하고 있다는 사실이 분명해지면 합리성이 주도하게 된다. 이와 대조적으로 나는 내가 과거 연역적 주제 설교자였을 때 세 가지 대지 가운데 무엇을 처음에 두어야 하는지에 대한 문제를 두고 많은 시간을 보냈던 것을 기억한다. "손에 잡히는 것부터 시작할까?" "가장 긴 것부터 시작할까?" "가장 명시적으로 신학적인 것부터 시작할까?" 때로는 그것이 모두 임의적인 것처럼 보였다. 하지만 내가 갈등, 심화, 갑작스런 전환, 해소의 순서를 따라 **앞으로** 움직이기 시작한다면, 나는 나 자신의 설교 구성의 원리를 갖게 된다.

10. 목표를 명명하기

설교는 내용, 이슈, 주제를 확정하는 것만으로는 충분하지 않다. 결국 매주일 모든 설교자를 맞이하는 질문은 이것이다. 이 설교가 전달된 뒤 그 결과로 우리가 기대할 수 있는 일은 무엇인가? 헨리 미첼은 단순히 관념적 목적뿐 아니라, 경험과 경축 등 행위적 목적에 대해서도 이야기한다.[21]

결국 우리의 과제는 촉발하는 것, 환기시키는 것이다. 우리는 사건이 일어나도록 만들 수 있는 힘을 갖고 있지 않다. 다만 우리는 무대를 마련할 수 있을 뿐이다. 혹은 나의 친구이자 목사인 저드 수어즈(Jud Souers)가 말하듯, 사람들이 연극을 관람할 수 있도록 커튼을 들어 올릴 수 있을 뿐이다.

목적을 명명하는 일은 (기도를 제외하고) 우리가 설교 준비 과정에서 가장 마지막으로 하는 일에 속한다. 준비 과정 속에 너무 일찍 목적이 명명된다면 그 목적은 오히려 방해가 된다. 실로 설교는 우리가 처음에 생각하던 것보다 더 많은 것을 담고 있다. 우리의 가장 훌륭한 설교들 중에는 우리가 설교를 준비하는 동안 목적이 우리에게 중요한 변화를 가져오기도 한다. 성령님은 여전히 우리의 생각을 바꾸실 수 있다. 그래디 데이비스가 말한 설교의 '나무'는 우리가 처음에 기대했던 것과 다르게 자랄 수도 있다. 그 나무는 자신의 고유한 생명을 가지고 있다. 설교의 목적은 오직 다른 모든 준비가 끝난 다음에 명명되어야 한다.

다른 한편 토요일 밤 늦은 시간까지 목적이 최종적으로 명명되지 않는다면 설교 준비는 완전히 끝났다고 말할 수 없다. 목적을 명명하는 일은 심오한 명료성에 대한 잣대가 된다. 만약 우리가 그것을 명명할 수 없다면 설교는 아직까지 명료하지 않은 것이다.

하지만 이것은 섣불리 문제-해결의 양태로 이해되거나 설명될 수 있는 좁은 의미의 산문적 진리로의 환원을 주장하는 것은 아니다. 실로 **불명확한 것**과 **신비로운 것** 사이에는 차이가 존재한다. **시적인 것**은 모호한 것을 의미하지 않는다. 우리가 신비의 가장자리에서 춤을 출 때 우리는 우리가 어디에 서 있는지, 따라서 어디에서 어떻게 신비에 접근할 수 있는지 알 필요가 있다.

비록 우리가 우리의 노력으로 신비를 손에 잡을 수는 없지만, 신비를 향한 우리의 몸짓은 신뢰를 줄 수 있을 만큼 명료하고 분명해야 한다. 결국 우리에게 부과된 적절하고 거룩한 과제는 환기시키는 일이다. 말씀이 선포되고 되지 않는 것은 하나님의 손에 달려 있다. 우리는 그것을 촉진시키기 위해 최선을 다할 것이다. 그리고 만약 그런 일이 일어난다면 우리는 은혜 받은 자들 가운데 속한 것이다.

주일. 이 주일이 오면 하나님의 사람들은 또 다른 작은 부활절을 지키기 위해 교회로 모인다. 여기에서 가족들간의 재회가 이루어진다. 이것은 우리가 오랫동안 이해해 왔던 다른 종류의 가족 상봉을 상당히 많이 닮고 있다. 우리가 속한 특별한 부족은 매년 팔월 셋째 주일마다 함께 모인다. 모인 사람들 중에는 내가 알지 못하는 사람도 있고, 실제로 '나와 부류가 다른' 사람도 있다. 하지만 우리는 서로 다정한 눈빛과 예의바른 인사를 교환한다. 그 밖의 사람들은 내가 정말 사랑하는 사람들이다.

어떤 의미에서 다양한 주관적 반응들은 그다지 중요하지 않다. 결국 우리가 처음에 서로를 선택한 것이 아니기 때문이다. 우리는 오히려 선택받은 자들이다. 우리는 회상이 아니라 재회를 위해 모인다. 우리는 다시 모임을 가지고 **빵을 떼고** 다시 한 번 이야기들을 반복한다. 우리는 우리의 진정한 존재가 되기 위해 함께 모이며, 다시 한 번 특별한 이름을 갖고 세상으로 파송된다.

아브라함과 사라 역시 우리의 친족이다. 야고보와 요한, 마리아와 마르다도 그렇다. 하나님의 가족들이 매주일 재회를 위해 모일 때, 우리 친족들 중에는 우리가 전혀 알지 못하는 사람도 있다. 또 전혀 호감이 가지 않는 부류에 속하는 사람들도 있다. 하지만 우리는 친족이다. 심지어 이방인들까지도. 우리는 특별한 역사를 공유하며 특별한 이름과 주장을 함께 안고 있다. 우리가 함께 부르는 찬송들은 우리가 말로 표현할 수 있는 것보다 더 깊이 우리를 서로 연결시킨다. 우리는 기도와 신앙고백과 성례전을 통해 다시 한 번 결합된다.

이러한 상황 속에서 이제 설교자가 '아침 메시지를 전달할' 시간이 찾아온다. 예전이라 불리는 플롯 안에서 설교라 불리는 작은 플롯이 진행된다. "믿음은 들음에서 난다."[22] 하지만 동시에 믿음은 들음을 통해 격려와 도전과 확증을 받는다. 그 들음이 입에서 귀로 직접 움직이든지, 아니면 입에서 귀를 거쳐 손으로, 그리고 눈으로 움직이든지 그러하다. 그것은 구술-청각의 경험이며, 문자와는 거리가 멀다. 이러한 의미에서 신학자 톰 드라이버(Tom Driver)는 언젠가 "예배는 종이를 좋아하지 않는다."고 말한 적이 있다. [23]

심지어는 성경조차도 구두 전달의 맥락에서부터 생겨났다. 조안나 듀이(Joanna Dewey)는 마가복음이 "구두 전승의 유산"을 보여주고 있으며, "그 작성 방법이 근본적으로 구술적"이라고 주장한다.[24] 심지어 그는 마가복음이 "글을 읽는 청중보다도 말을 듣는 청중을 위해 기록되었다."고 주장한다.[25] 월터 옹(Walter Ong)은 성경이 "상당한 정도로 구두 전승의 토대"를 갖고 있다고 말한다.[26] 따라서 우리는 설교하기 위해 자리에서 일어설 때 우리가 사용하고 있는 매체를 존중할 필요가 있다. 때때로 그것은 쉽게 얻어지지 않았다.

로빈 마이어스(Robin Meyers)의 분석에 따르면, "설교를 가르치는 일에 있어 아마도 가장 큰 잘못을 한 가지만 이야기하라면, 그것은 젊은 사역자들이 문자를 통한 전달과 구두 전달 사이의 차이를 충분히 인식하도록 하지 못한 것이다." "수많은 책에 의해 형성되고 수십 장의 글을 쓰라는 요구를 받고 주로 그들이 종이에 쓴 내용을 통해 평가를 받는 열정적인 설교자들은 그들의 눈을 훈련시키는 한편 그들의 귀는 경시한다." 하지만 실상 "그들이 가는 곳은 소리의 세계이며, 그들은 청각적인 일을 위해 부지런히 움직여야 한다."27) (때로 우리는 사람들에게 성경을 보며 본문을 읽으라고 요구함으로써 소리의 힘을 분산시킨다.)

텍스 샘플(Tex Sample)은 우리에게 다음과 같은 사실을 상기시킨다. 즉, 교회의 삶은 문자를 요구하지만, 그것은 또한 "교회 구성원들의 대다수를 차지하는 사람들의 구체적인 삶에 근거할 수 있는 방법을 찾는 가운데" 구두 전달을 활용해야만 한다.28) 샘플은 마이어스의 견해를 지지하면서 신학생들이 신학교를 졸업할 때가 되면 구두 의사소통의 양태 안에서 대부분의 삶을 살아가는 절대 다수의 사람들과 적절한 연결 고리를 찾지 못하게 된다고 반복해서 지적했다.

우리는 이것을 존 홀버트(John Holbert)가 "평범한 성도들의 세계관을 질타하도록 가르침을 받은 백인 중산층 교회지도자들"에 관해 말할 때 염두에 두고 있던 그것과 관련시킬 수 있지 않을까?29)

솔직히 말해서 내가 볼 때 이 문제는 우리 시대에 와서야 비로소 다루어지기 시작했다. 소위 '새로운 설교학' 이라고 불리는 최근 북미의 설교 모델들은 (옹이 말하듯이) 우리를 "실제성의 중심에, 그리고 동시성 안에"30) 위치시키는 소리의 양태에 집중하고 있다. 옹(Ong)의 설명에 따르면, "말해진 언어는 시간에, 사실상 현재에 관여하는 사건이다."31) 뿐만 아니라 "소리는 살아 있는 존재들의 모임들을 연합시킨다. 이것은 다른 어떤 것도 하지 못하는 일이다." 헨리 미첼은 북미의 흑인 교회가 "사실상 초대교회의 방법"이었던 "구두 전승의 우선성"을 유지하는 데 어떻게 기여하는지 이야기한다. [32)

아마도 바로 이러한 이유 때문에 나는 "설교문을 작성한다."는 말을 할 때마다 그것이 정확한 표현임에도 불구하고 주춤하게 되는 것 같다. 내가 볼 때 이 문구는 부정적인 매체의 혼합을 내포하고 있다. 그럼에도 불구하고 나는 교구 사역을 하던 수년 동안 내가 플롯에 따른 설교문 전문을 글로 준비했던 것을 기억한다. 당시 나는 설교문을 작성할 때마다 그것을 소리 내어 읽음으로써 구두 전달의 양태를 보존하기 위해 (얼마간 성공적으로) 많은 노력을 기울였다. 이후로 그것은 나의 삶의 스타일이 되었고, 이 책을 쓰고 있는 지금 이 순간에도 나는 이 줄을 소리 내어 읽고 있다.

(설사 소리 내어 읽는다 하더라도) 설교문과 구두 전달 사이의 갈등은 결국 내가 설교문뿐 아니라 상세한 노트마저 내버림으로써 해결될 수 있었다. 보통 나는 응급 상황을 대비하여 네 장에서 여섯 장의 카드를 들고 설교단에 오른다. 설교문을 활용하든, 아니면 간단한 노트를 활용하든 간에 구두 전달은 인쇄물을 통한 전달과는 다른 형태의 의사소통 방식이다. 문장들을 구성하는 방식도 다르고, 반복의 목적과 문체도 전혀 다르며, 심지어는 문법조차도 변한다. 그리고 공동체가 세워진다.

최근 수년간 나는 클라이드 팬트(Clyde Fant)의 작품으로부터 많은 도움을 받았다. 그는 우리에게 그가 주장하는 '구두 사본'을 어떻게 준비할 수 있는지 가르쳐 준다. [33) 그는 설교 준비가 "실제로 사용하게 될 매체를 통해" 이루어져야 한다고 생각한다. [34) 그 결과는 "방향을 지시하는 핵심적인 문장들"이 "생각의 덩어리"를 도입하는 "설교 편지"이다. [35) 결국 그의 논리에 따르면, 우리는 단락으로 말하는 것이 아니라 생각의 덩어리로 말을 한다.

동일한 맥락에서 톰 트뢰거(Tom Troeger)는 우리에게 "말의 음악을 들을" 것을 조언한다. 그의 설명에 의하면, "리듬, 음높이, 소리크기, 굴절 등 말의 물리적 특질들은 상상력으로 하여금 춤을 추게 만드는 일종의 음악이다."[36] 게다가 '단어들의 선율' 때문에 우리는 구두 언어에 흥미를 갖게 된다. "말의 억양, 가락, 박자, 강도, 부드러움 등은 우리가 하는 말보다 언제나 더 큰 진리를 전달한다."[37] 트뢰거는 자신이 설교문을 사용하는 경우에도 그것을 "음악 악보"로 묘사한다.[38] "성배와 제단과 십자가가 시각적인 상징이듯이, 설교자의 목소리가 청각적인 상징이 된다."는 주장은 그리 놀랄 만한 것이 아니다.[39]

설교문이나 설교노트가 음악 악보처럼 사용된다는 생각은 환기의 가능성을 강조한다. "설교자의 목소리는 단어들과 소리의 물리적 특질들을 사용하면서 사람들을 전달되는 메시지 너머에 있는 하나님의 현존으로 인도한다."[40]

여기에서 여러분은 핵심적인 용어를 발견할 수 있었는가? 그것은 "사람들을 **너머로** 인도한다."는 표현이다. 그보다 먼저 "우리가 하는 말보다 언제나 더 큰 진리"라는 표현을 기억하는가? 즉, 환기시키는 것, 커튼을 들어 올리는 것이다. '악보'는 구두 전달의 춤을 위해 반주를 한다. 그 춤은 음악과 같이 침묵 속에서 나와서 지금 여기에 존재하고 이어서 다시 침묵 속으로 이동한다. 비록 그 기억의 현존은 여전히 춤을 추고 있지만 말이다. 옹의 표현에 따르면, "소리로서 말은 내면성과 신비를 신호로 알린다."[41]

설교의 사건은 일어난다. 예배라는 공동체의 행위 안에서 말은 형언할 수 없는 것을 향해 몸짓하고 있으며, 물결치는 음파는 신비의 가장자리에서 춤추고 있다.

서론

1) Fred Craddock, *As One Without Authority* (Enid, Okla. : Phillips University, 1974), p. 1.

2) Ibid., p. 62.

3) Hans Frei, *The Eclipse of Biblical Narrative* (New Haven : Yale University Press, 1974).

4) Richard Eslinger, *A New Hearing* (Minneapolis : Fortress Press, 1995), p. 65.

5) H. Grady Davis, *Design for Preaching* (Philadelphia : Fortress Press, 1958), p. 15.

6) David Buttrick, *Homiletic* (Philadelphia : Fortress Press, 1987), p. 189.

I. 시간 – 장소

1) David Buttrick, *A Captive Voice* (Louisville : Westminster/Jon Knox Press, 1994), p. 80.

2) David Buttrick, "Interpretation and Preaching", *Interpretation* Vol. 35(January 1981): 49.

3) Buttrick, *Captive Voice*, p. 81.

4) Frei, *Eclipse*, p. 27.

5) Ibid., p. 130.

6) Mark Ellingsen, *The Integrity of Biblical Narrative* (Minneapolis : Fortress Press, 1990), p. 11.

7) Henry H. Mitchell, *The Recovery of Preaching* (San Francisco : Harper & Row, 1977), p. 12.

8) Ibid., p. 13.

9) Thomas G. Long, "And How Shall They Hear?", in *Listening to the Word*, ed. Gail R. O'Day and Thomas G. Long (Nashville : Abingdon Press, 1993), p. 170.

10) Ibid., pp. 172–74.

11) Ibid., p. 177.

12) Craddock, *As One*, p. 67.

13) Ibid., p. 55.

14) Ibid., p. 124.

15) Ibid., p. 62.

16) Stephen Cites, "The Narrative Quality of Experience", in *Why Narrative?*, ed. Stanley Hauerwas and L. Gregory Jones (Grand Rapids : Eerdmans, 1989), p. 67.

17) Frederick Jameson, "Sartre : The Origins of Style", in *Time and Reality : Studies in Contemporary Fiction*, ed. Margaret

Church (Chapel Hill : University of North Carolina Press, 1949), p. 260.

18) Thomas Mann, "The Magic Mountain", in *Time and Western Man*, ed. Wyndham Lewis (Boston : Beacon Press, 1957), p. 131.

19) Hauerwas and Jones, *Why Narrative?*, p. 66.

20) Terrence W. Tilley, *Story Theology* (Wilmington, Del. : Michael Glazier, 1985), p. 24.

21) Lonnie D. Kliever, *The Shattered Spectrum* (Atlanta : John Knox Press, 1981), p. 156.

22) Eugene L. Lowry, *Doing Time in the Pulpit* (Nashville : Abingdon Press, 1985), p. 8.

23) Richard L. Eslinger, *Narrative and Imagination* (Minneapolis : Fortress Press, 1995), p. 7.

24) Robert Reid, Jeffrey Bullock, and David Fleer, "Preaching as the Creation of an Experience : the Not–So–Rational Revolution of the New Homiletic", *The Journal of Communication and Religion* 18, no. 1 (March 1995): 1.

25) David Buttrick, "On Doing Homiletics Today", in *Intersections : Post–Critical Studies in Preaching*, ed. Richard L. Eslinger (Grand Rapids, Mich. : Eerdmans, 1994), p. 89.

26) Ibid., p. 94.

27) Paul Scott Wilson, *The Practice of Preaching* (Nashville : Abingdon Press, 1995), p. 12.

28) Lucy Atkinson Rose, "Preaching in the Round– Table Church", Ph.D. dissert. (Graduate School of Emory University, 1994).

29) Ibid., p. 116.

30) Robert Stephen Reid, "Postmodernism and the Function of the New Homiletic in Post–Christendom Congregations", *Homiletic* 20, no. 2 (Winter 1995): 1.

31) Craddock, *As One*, p. 54.

32) Ibid., p. 60.

33) Ibid., p. 52.

34) Ibid., p. 56.

35) Ibid., p. 62.

36) Craddock, *Overhearing the Gospel* (Nashville : Abingdon Press, 1978), p. 137.

37) Toni Craven, "An Introduction to Narrative" (a paper read at Society at Biblical Literature meeting, Irvine, Texas, March 16, 1996), p. 4.

38) Rose, "Preaching in the Round-Table Church", p. 153.

39) Eugene L. Lowry, "Narrative Preaching", in *Concise Encyclopedia of Preaching*, ed. William H. Willimon and Richard Lischer (Louisville : Westminster/John Knox Press, 1995), p. 342.

40) Mitchell, *Recovery of Preaching*, p. 29.

41) Ibid., p. 32.

42) William B. McClain, *Come Sunday : The Liturgy of Zion* (Nashville : Abingdon Press, 1990), pp. 67–68.

43) Evans E. Crawford, *The Hum* (Nashville : Abingdon Press, 1995), p. 31.

44) McClain, *Come Sunday*, p. 68.

45) Ibid., p. 69.

46) Mitchell, *Recovery of Preaching*, p. 35.

47) Ibid., p. 58.

48) Buttrick, *Homiletic*, p. 333.

49) Ibid., p. 334.

50) Ibid., p. 362.

51) Ibid., p. 367.

52) Ibid., p. 405.

53) Buttrick, *Captive Voice*, p. 131.

54) Buttrick, *Homiletic*, pp. 292–93.

55) Buttrick, "On Doing Homiletics Today", in *Intersections*, p. 95.

56) Buttrick, "Interpretation and Preaching", p. 54.

57) O'Day and Long, *Listening to the Word*, pp. 99–100.

58) Carol M. Norén, *The Woman in the Pulpit* (Nashville : Abingdon Press, 1991), p. 130.

59) Ibid., p. 155.

60) Lucy Rose, "Conversational Preaching : A Proposal", in *Papers of the Annual Meeting of the Academy of Homiletics* (Atlanta : November 30–December 2, 1995), p. 34.

61) Norén, *Woman in the Pulpit*, p. 96.

62) Ibid., p. 94.

Ⅱ. 과제 – 목표

1) Paul Scherer, *The Word God Sent* (New York : Harper & Row, 1965), p. 72.

2) Ibid., p. 23.

3) Ibid., p. 24.

4) Ibid., p. 25.

5) Barbara Brown Taylor, *The Preaching Life* (Cambridge : Cowley Publications, 1993), p. 77.

6) Frederick Buechner, *Telling the Truth* (New York : Harper & Row, 1977), pp. 16–17.

7) Craddock, *Preaching* (Nashville : Abingdon Press, 1985), p. 52.

8) Charles L. Rice, *Interpretation and Imagination* (Philadelphia : Fortress Press, 1970), p. 15.

9) Rose, "Peaching in the Round-Table Church."

10) James William Cox, *Preaching* (San Francisco : Harper & Row, 1985), p. ix.

11) John A. Broadus and Jesse Burton Weatherspoon, *On the Preparation and Delivery of Semons* (New York : Harper & Brothers, 1944), p. 244.

12) Buttrick, "On Doing Homiletics Today", p. 103.

13) Karl Barth, *Homiletics* (Louisville : Westminster/John Knox Press, 1991), p. 118.

14) Ibid., p. 119.

15) Karl Barth, *The Word of God and the Word of Man* (New York : Harper & Brothers, 1957), pp. 124–25.

16) Pauline Marie Rosenau, *Post-Modernism and the Social Sciences* (Princeton : Princeton University Press, 1992), pp. 169–76.

17) Lucy Rose, "The Parameters of Narrative Preaching", *Journeys Toward Narrative Preaching*, ed. Wayne Bradley Robinson (New York : Pilgrim Press, 1990), pp. 24–47.

18) Rose, "Preaching in the Round-Table Church", pp. 176–238.

19) Harry Emerson Fosdick, *The Living of These Days* (New York : Harper & Brothers, 1956), pp. 99–100.

20) Gustaf Wingren, *The Living Word* (Philadelphia : Fortress Press, 1960), p. 108.

21) Buttrick, *Homiletic*, p. 456.
22) Ibid., p. 11.
23) Ibid., p. 261.
24) Ibid., p. 212.
25) Ibid., p. 213.
26) Ibid., p. 189.
27) Ibid., p. 253.
28) Paul Scott Wilson, *The Practice of Preaching* (Nashville : Abingdon Press, 1995), p. 21.
29) Ibid., p. 22.
30) Rose, "Conversational Preaching", p. 34.
31) Ibid., p. 37.
32) Dietrich Ritschl, *A Theology of Proclamation* (Richmond, Va. : John Knox Press, 1960), p. 21.
33) Taylor, *The Preaching Life*, p. 85.
34) Craddock, *Preaching*, p. 65.
35) James H. Cone, *God of the Oppressed* (New York : Seabury Press, 1975), p. 18.
36) Rebecca S. Chopp, *The Power to Speak* (New York : Crossroad Publishing Co., 1989), p. 32.
37) David James Randolph, *The Renewal of Preaching* (Philadelphia : Fortress, 1969), p. 19.
38) Thomas F. Green, *The Activities of Teaching* (New York : McGraw–Hill, 1971), pp. 137–45.
39) Robert E. C. Browne, *The Ministry of the Word* (Philadelphia : Fortress, 1958, 1975), p. 74.
40) David J. Schlafer, *Surviving the Sermon* (Cambridge : Cowley Publications, 1992), p. 29.
41) Buttrick, *Homiletic*, p. 189.
42) Ibid., p. 253.
43) Browne, *The Ministry of the Word*, p. 80.
44) Ibid., p. 27.
45) Ibid., p. 28.
46) Ibid., p. 30.

Ⅲ. 행위 – 기술

1) Hendrikus Berkhof, *Christian Faith* (Grand Rapids, Mich. : Eerdmans, 1979), p. 53.
2) Chopp, *Power to Speak*, p. 5.
3) P. T. Forsyth, *Positive Preaching and the Modern Mind* (Grand Rapids, Mich.: Eerdmans, 1964), p. 53.
4) Ibid.
5) Arthur Van Seters, ed., *Preaching as a Social Act* (Nashville : Abingdon Press, 1988), p. 17.
6) Crites, "The Narrative Quality of Experience", pp. 79–80.
7) Van Seters, *Preaching as a Social Act*, p. 17.
8) Chopp, *Power to Speak*, p. 6.
9) Browne, *Ministry of the Word*, p. 15.
10) Davis, *Design for Preaching*, p. 19.
11) Gene M. Tucker, "Reading and Preaching the Old Testament", in *Listening to the Word*, p. 34.
12) Ellingsen, *Integrity of Biblical Narrative*, p. 63.
13) Ibid.
14) Walter Brueggemann, *Finally Comes the Poet* (Minneapolis : Fortress Press, 1989), p. 8.
15) Browne, *Ministry of the Word*, p. 70.
16) Ibid., p. 114.
17) Sallie McFague, *Speaking in Parables* (Philadelphia : Fortress Press, 1975), p. 93.
18) Browne, *Ministry of the Word*, p. 49.
19) McFague, *Speaking in Parables*, p. 50.
20) Ibid., p. 77.
21) Brueggemann, *Finally Comes the Poet*, p. 27.
22) Browne, *Ministry of the Word*, p. 68.
23) Brueggemann, *Finally Comes the Poet*, p. 27.
24) Robert Roth, *Story and Reality* (Grand Rapids, Mich.: Eerdmans, 1973), pp. 152, 164, 165.
25) Browne, *Ministry of the Word*, p. 44.
26) Tucker, "Reading and Preaching the Old Testament", p. 34.
27) Gary Comstock, "Truth or Meaning : Ricoeur versus Frei on Biblical Narrative", *Journal of Religion* 66 (1986): 121.

미주

28) Mark Allan Powell, *What is Narrative Criticism?* (Minneapolis : Fortress Press, 1990), p. 8.

29) David L. Bartlett, "Story and History : Narratives and Claims", *Interpretation* 45, no. 3 (July 1991): 232.

30) William C. Placher, *Unapologetic Theology* (Louisville : Westminster/John Knox Press, 1989), p. 161.

31) Comstock, "Truth or Meaning", p. 131.

32) Placher, *Unapologetic Theology*, p. 164에 인용됨.

33) Stanley Hauerwas and David Burrell, "From System to Story : An Alternative Pattern for Rationality in Ethics", in *Why Narrative?*, p. 185.

34) Placher, *Unapologetic Theology*, p. 165.

35) Thomas H. Troeger, "A Poetics of the Pulpit for Post-Modern Times", in *Intersections*, p. 43.

36) Ibid., p. 62.

37) Placher, *Unapologetic Theology*, p. 12

38) Comstock, "Truth or Meaning", p. 131.

39) Placher, *Unapologetic Theology*, p. 134.

40) Ibid., p. 130.

41) Craddock, *Preaching*, p. 65.

42) Davis, *Design for Preaching*, p. 41.

43) Ibid., p. 43.

44) Ibid., p. 21.

45) Taylor, *The Preaching Life*, p. 82.

46) Eliseo Vivas, *Creation and Discovery* (Chicago : Gateway Editions, Henry Regnery Co., 1955), p. 134.

47) Ibid., p. 160.

Ⅳ. 구성 – 전략

1) Robin R. Meyers, *With Ears to Hear* (Cleveland : Pilgrim Press, 1993), p. 122.

2) Paul Scott Wilson, *Imagination of the Heart* (Nashville : Abingdon Press, 1988), p. 171.

3) Thomas G. Long, "Edmund Steimle and the Shape of Contemporary Homiletics", *The Princeton Seminary Bulletin*, n.s., 11, no. 3 (1990): 257.

4) M. Eugene Boring, in *Listening to the Word*, p. 54.

5) Long, in *Listening to the Word*, p. 255.

6) Craddock, *As One*, p. 151.

7) Buttrick, *Homiletic*, p. 294.

8) Frank Kermode, cited in Stephen D. Crites, "The Narrative Quality of Experience", *Journal of the American Academy of Religion*, vol. 39 (September 1971): 306.

9) Lowry, "Narrative Preaching", p. 342.

10) Lowry, "The Revolution of Sermonic Shape", in *Listening to the Word*, pp. 93–112.

11) Lowry, *Doing Time in the Pulpit*.

12) McClain, *Come Sunday*, p. 69.

13) Buttrick, cited by Lowry in *Listening to the Word*, p. 99.

14) Buttrick, *Homiletic*, p. 24.

15) Ibid., p. 373.

16) Buttrick, "Interpretation and Preaching", p. 52.

17) Ibid., p. 54.

18) Edmund A. Steimle, Morris J. Niedenthal, and Charles L. Rice, *Preaching the Story* (Philadelphia : Fortress Press, 1980), p. 171.

19) Wilson, *Imagination of the Heart*, p. 32.

20) Ibid., p. 65.

21) Ibid., p. 66.

22) Eslinger, *Narrative and Imagination*, p. 67 에서 인용됨.

23) Buttrick, *Homiletic*, p. 120.

24) Rose, "Preaching in the Round-Table Church."

25) Steimle, Niedenthal, and Rice, *Preaching the Story*, p. 19.

26) Karl Barth, *The Word of God and the Word*

of Man, p. 116.

27) Walter Brueggemann, *Finally Comes the Poet*, pp. 109–10.

28) Schlafer, *Surviving the Sermon*, p. 22.

29) Ibid., pp. 34–58.

30) Ibid., p. 59.

31) Luke 9:32 JB.

32) Brueggemann, *Finally Comes the Poet*, p. 45.

33) Leroy Ostransky, *The Anatomy of Jazz* (Seattle : University of Washington, 1960), p. 83.

34) Browne, *Ministry of the Word*, p. 17.

35) Eugene L. Lowry, *The Homiletical Plot* (Atlanta : John Knox Press, 1980), pp. 36–46.

36) Fred B. Craddock, "Amazing Grace", *Thesis Theological Cassettes* 7, no.5.

37) Crawford, *The Hum*, p. 52.

38) Ibid., p. 50.

39) 왕상 19:12, NRSV.

40) Schalfer, *Surviving the Sermon*, pp. 59–76.

41) Ibid., p. 63.

42) Patricia Wilson–Kastner, *Imagery for Preaching* (Minneapolis : Fortress Press, 1989), p. 20.

43) Roth, *Story and Reality*, p. 52.

44) Lowry, *Homiletical Plot*, p. 47.

45) Lowry, *Doing Time in the Pulpit*, p. 74.

46) S. H. Butcher, ed., *Aristotle's Theory of Poetry and Fine Art* (New York : Dover, 1951), p. 41.

47) John Dominic Crossan, *In Parables* (New York : Harper & Row, 1973), pp. 37–120.

48) Amos N. Wilder, *Early Christian Rhetoric* (Cambridge, Mass. : Harvard University Press, 1964), p. 71.

49) 마 20:16 RSV.

50) 마 16:25.

51) 눅 10:30–36.

52) 요 9:40.

53) 막 10:46–52.

54) 갈 3장.

55) 막 12:41–44.

56) 눅 4:1–13.

57) Wilson, *Imagination of the Heart*, p. 108.

58) 마 19:27.

59) Craven, "An Introduction to Narrative", p. 6.

60) Ibid.

61) Gabriel Fackre, "Narrative Theology : An Overview", in *Interpretation* vol. 37 (October 1983): 343.

62) Craddock, *Preaching*, p. 160.

63) Helmut Thielicke, *The Waiting Father* (New York : Harper & Brothers, 1959), p. 131.

64) Ibid.

65) 롬 8:31 전반부, NRSV.

66) 롬 8:31 후반부, NRSV.

67) Brueggemann, *Finally Comes the Poet*, p. 43.

68) Ibid., p. 2.

69) 롬 8:32, NRSV.

70) Browne, *Ministry of the Word*, p. 41.

71) Brueggemann, *Finally Comes the Poet*, p. 3.

72) 롬 8:35, NRSV.

73) 롬 8:37, NRSV.

74) Brueggemann, *Finally Comes the Poet*, p. 4.

75) 롬 12:1 전반부, NRSV.

76) Schlafer, "Living with the Lectionary", handout to accompany working paper at seminar (College of Preachers, Washington, D.C., June 1995, mimeographed).

77) Vivas, Creation and Discovery, p. 146.

78) Brueggemann, *Finally Comes the Poet*, p. 109.

V. 준비 – 전달

1) 눅 1:4, NRSV.

2) Bartlett, "Story and History", p. 229.

3) Jeff Stein, ed., *The Random House Dictionary of the English Language* (New York : Random House, 1977), p. 298.

4) David L. Bartlett, "Texts Shaping Sermons", *Listening to the Word*, p. 158.

5) James L. Adams, *Conceptual Blockbusting* (San Francisco : W. H. Freeman & Co., 1974), p. 24.

6) 눅 12:13–21, NRSV.

7) 마 6:34, NRSV.

8) Joel Arthur Barker, *Future Edge* (New York : William Morrow & Co., 1992), pp. 157–58.

9) Wilson, *Imagination of the Heart*, p. 32.

10) Gabrielle Rico, *Writing the Natural Way*

(New York : J. B. Tarcher, Putnam Publishing Group, 1983).

11) Rollo May, *The Courage to Create* (New York : W. W. Norton, 1975).

12) 갈 5:12, NRSV.

13) Buttrick, "Interpretation and Preaching", p. 54.

14) Justo L. González and Catherine Gunsalus González, *Liberation Preaching* (Nashville : Abingdon Press, 1980), p. 84.

15) Bartlett, "Story and History", p. 232.

16) Craddock, *Preaching*, p. 106.

17) Ibid.

18) Thomas G. Long, *The Witness of Preaching* (Louisville : Westminster/John Knox Press, 1989), p. 86.

19) Bartlett, *Listening to the Word*, p. 149.

20) Eugene L. Lowry, *How to Preach a Parable* (Nashville : Abingdon Press, 1989).

21) Mitchell, *Recovery of Preaching*, pp. 30–73.

22) 롬 10:17, NRSV.

23) Tom F. Driver, *The Magic of Ritual : Our Need for Liberating Rites that Transform Our Lives and Our Communities* (San Francisco : Harper SF, 1991), p. 218.

24) Joanna Dewey, "Oral Methods of Structuring Narrative in Mark", in *Intersections*, p. 23.

25) Ibid., p. 35.

26) Walter J. Ong, S. J., *The Presence of the Word* (New Haven : Yale University, 1967), p. 21.

27) Robin R. Meyers, *With Ears to Hear* (Cleveland, Ohio : Pilgrim Press, 1993), p. 21.

28) Tex Sample, *Ministry in an Oral Culture : Living with Will Rogers, Uncle Remus, and Minnie Pearl* (Louisville : Westminster/John Knox Press, 1994), p. 22.

29) John C. Holbert, *Preaching Old Testament* (Nashville : Abingdon Press, 1991), p. 37.

30) Ong, *Presence of the Word*, p. 128.

31) Ibid., p. 34.

32) Mitchell, *Recovery of Preaching*, p. 75.

33) Clyde E. Fant, *Preaching for Today* (New York : Harper & Row, 1975), p. 118.

34) Ibid., p. 120.

35) Ibid., p. 122.

36) Thomas H. Troeger, *Imagining a Sermon* (Nashville : Abingdon Press, 1990), p. 67.

37) Ibid., p. 68.

38) Ibid., p. 76.

39) Ibid., p. 71.

40) Ibid.

41) Ong, *Presence of the Word*, p. 314.